진각국사(眞覺國師)

오로지 정법만을 깨닫기 서원합니다.

입을 열면 정법만을 설하기 서원합니다.

중생이 다하는 그날까지 교화하기 서원합니다.

－대원 문재현 전법선사의 3대 서원

근현대 전법 선맥(傳法禪脈)

75조 경허 성우(鏡虛 惺牛) 전법선사

 오도송

홀연히 콧구멍 없는 소 되라는 말끝에   忽聞人語無鼻孔
삼천계가 내 집임을 단박에 깨달았네   頓覺三千是我家
유월의 연암산을 내려가는 길에서   六月鷰岩山下路
일없는 야인이 태평가를 부르노라   野人無事太平歌

76조 만공 월면(滿空 月面) 전법선사

전법게

구름과 달, 산과 계곡이라, 곳곳에서 같음이여   雲月溪山處處同
선가의 나의 제자 수산의 큰 가풍일세   曳山禪子大家風
은근히 무문인을 그대에게 분부하니   慇懃分付無文印
이 기틀의 방편이 활안 중에 있노라   一段機權活眼中

* 제75조 경허 성우 전법선사 전함 / 제76조 만공 월면 전법선사 받음

77조 전강 영신(田岡 永信) 전법선사

전법게

불조도 전한 바 없어서   佛祖未曾傳
나 또한 얻은 바 없음을…   我亦無所得
가을빛 저물어 가는 날에   此日秋色暮
뒷산의 원숭이가 울고 있네   猿嘯在後峰

* 제76조 만공 월면 전법선사 전함 / 제77조 전강 영신 전법선사 받음

78대 대원 문재현(大圓 文載賢) 전법선사

전법게

부처와 조사도 일찍이 전한 것이 아니거늘   佛祖未曾傳
나 또한 어찌 받았다 하며 준다 할 것인가   我亦何受授
이 법이 2천년대에 이르러서   此法二千年
널리 천하 사람을 제도하리라   廣度天下人

부송(付頌)

어상을 내리지 않고 이러-히 대한다 함이여   不下御床對如是
뒷날 돌아이가 구멍 없는 피리를 불리니   後日石兒吹無孔
이로부터 불법이 천하에 가득하리라   自此佛法滿天下

* 제77조 전강 영신 전법선사 전함 / 제78대 대원 문재현 전법선사 받음

이 오도송과 전법게는 대원 문재현 선사님께서 법리에 맞도록 새롭게 번역한 것입니다.

불교 8대 선언문

불교는 자신에게서 영생을 발견하게 한 유일한 종교이다.

불교는 자신에게서 모든 지혜를 발견하게 한 유일한 종교이다.

불교는 자신에게서 모든 능력을 발견하게 한 유일한 종교이다.

불교는 자신에게서 모든 것을 이루게 한 유일한 종교이다.

불교는 자신에게서 극락을 발견하게 한 유일한 종교이다.

불교는 깨달으면 차별 없어 평등하다는 유일한 종교이다.

불교는 모든 억압 없이 자신감을 갖게 한 유일한 종교이다.

불교는 그러므로 온 누리에 영원할 만인의 종교이다.

– 대원 문재현 전법선사 주창

전세계의 불교계에서 통일시켜야 할 일

경전의 말씀대로 32상과 80종호를 갖춘 불상으로 통일해야 한다.

예불 드리는 법을 통일해야 한다.

불공의식을 통일해야 한다.

– 대원 문재현 전법선사 주창

바로보인 선문염송 29

도서출판 문젠(구, 바로보인)은 정맥선원에서 운영하고 있습니다.

* 인제산(人濟山) 성불사(成佛寺) 국제정맥선원
  경기도 포천시 내촌면 소리개길 86-178 ☎ 031-531-8805
* 인제산(人濟山) 이룬절 포천정맥선원
  경기도 포천시 내촌면 소리개길 86-123 ☎ 031-532-1918
* 도봉산(道峯山) 도봉정사(道峯精舍) 서울정맥선원
  서울시 도봉구 도봉로 921 문젠빌딩 2층 ☎ 02-3494-0122
* 백양산(白楊山) 자모사(慈母寺) 부산정맥선원
  부산시 동래구 아시아드대로 114번길 10 대륙코리아나 2층 212호 ☎ 051-503-6460
* 자모산(慈母山) 육조사(六祖寺) 청도정맥선원
  경북 청도군 매전면 동산리 산 50 ☎ 010-4543-2460
* 광암산(光巖山) 성도사(成道寺) 광주정맥선원
  광주광역시 광산구 삼도광암길 34 ☎ 062-944-4088
* 대통산(大通山) 대통사(大通寺) 해남정맥선원
  전남 해남군 화산면 송계길 132-98 중정마을 ☎ 061-536-6366

바로보인 불법 ⑩
바로보인 선문염송(禪門拈頌) 29

초판 1쇄 펴낸날 단기 4348년, 불기 3042년, 서기 2015년 8월 10일

역   저 대원 문재현 선사
펴 낸 곳 도서출판 문젠(Moonzen Press)
          487-835, 경기도 포천시 내촌면 소리개길 86-178
          전화 031-534-3373 팩스 031-533-3387
신고번호 2010.11.24. 제2010-000004호

편집·윤문 진성 윤주영
제작·교정 도명 정행태, 진연 윤인선
인   쇄 가람문화사

ⓒ 문재현, 2015. Printed in Seoul, Republic of Korea
www.zenparadise.com

값 15,000원
ISBN 978-89-86214-50-5 04220
ISBN 978-89-86214-21-5 (전30권)

불조정맥(佛祖正脈)

🪷 인 도

교조 석가모니불 (教祖 釋迦牟尼佛)

1조 마하가섭 (摩訶迦葉)

2조 아난다 (阿難陀)

3조 상나화수 (商那和脩)

4조 우바국다 (優波鞠多)

5조 제다가 (堤多迦)

6조 미차가 (彌遮迦)

7조 바수밀 (婆須密)

8조 불타난제 (佛陀難堤)

9조 복타밀다 (伏馱密多)

10조 파율습박(협) (波栗濕縛, 脅)

11조 부나야사 (富那夜奢)

12조 아나보리(마명) (阿那菩堤, 馬鳴)

13조 가비마라 (迦毗摩羅)

14조 나가르주나(용수) (那閼羅樹那, 龍樹)

🏵 중 국

33조 대감 혜능 (6조 大鑑 慧能)

34조 남악 회양 (7조 南嶽 懷讓)

35조 마조 도일 (8조 馬祖 道一)

36조 백장 회해 (9조 百丈 懷海)

37조 황벽 희운 (10조 黃檗 希雲)

38조 임제 의현 (11조 臨濟 義玄)

39조 흥화 존장 (12조 興化 存奬)

40조 남원 혜옹 (13조 南院 慧顒)

41조 풍혈 연소 (14조 風穴 延沼)

42조 수산 성념 (15조 首山 省念)

43조 분양 선소 (16조 汾陽 善昭)

44조 자명 초원 (17조 慈明 楚圓)

45조 양기 방회 (18조 楊岐 方會)

46조 백운 수단 (19조 白雲 守端)

47조 오조 법연 (20조 五祖 法演)

48조 원오 극근 (21조 圓悟 克勤)

49조 호구 소륭 (22조 虎丘 紹隆)

50조 응암 담화 (23조 應庵 曇華)

51조 밀암 함걸 (24조 密庵 咸傑)

52조 파암 조선 (25조 破庵 祖先)

53조 무준 사범 (26조 無準 師範)

54조 설암 혜랑 (27조 雪岩 慧郎)

55조 급암 종신 (28조 及庵 宗信)

56조 석옥 청공 (29조 石屋 淸珙)

❀ 한 국

57조 태고 보우 (1 조 太古 普愚)

58조 환암 혼수 (2 조 幻庵 混脩)

59조 구곡 각운 (3 조 龜谷 覺雲)

60조 벽계 정심 (4 조 碧溪 淨心)

61조 벽송 지엄 (5 조 碧松 智儼)

62조 부용 영관 (6 조 芙蓉 靈觀)

63조 청허 휴정 (7 조 淸虛 休靜)

64조 편양 언기 (8 조 鞭羊 彦機)

65조 풍담 의심 (9 조 楓潭 義諶)

66조 월담 설제 (10조 月潭 雪霽)

67조 환성 지안 (11조 喚醒 志安)

68조 호암 체정 (12조 虎巖 體淨)

69조 청봉 거안 (13조 靑峰 巨岸)

70조 율봉 청고 (14조 栗峰 靑杲)

71조 금허 법첨 (15조 錦虛 法沾)

72조 용암 혜언 (16조 龍巖 慧言)

73조 영월 봉율 (17조 詠月 奉律)

74조 만화 보선 (18조 萬化 普善)

75조 경허 성우 (19조 鏡虛 惺牛)

76조 만공 월면 (20조 滿空 月面)

77조 전강 영신 (21조 田岡 永信)

78대 대원 문재현 (22대 大圓 文載賢)

대원 문재현 선사님 인가 내력

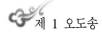 제 1 오도송

이 몸을 끄는 놈 이 무슨 물건인가?
골똘히 생각한 지 서너 해 되던 때에
쉬이하고 불어온 솔바람 한 소리에
홀연히 대장부의 큰 일을 마치었네

무엇이 하늘이고 무엇이 땅이런가
이 몸이 청정하여 이러-히 가없어라
안팎 중간 없는 데서 이러-히 응하니
취하고 버림이란 애당초 없다네

하루 온종일 시간이 다하도록
헤아리고 분별한 그 모든 생각들이
옛 부처 나기 전의 오묘한 소식임을
듣고서 의심 않고 믿을 이 누구인가!

此身運轉是何物
疑端汨沒三夏來
松頭吹風其一聲
忽然大事一時了

何謂靑天何謂地
當體淸淨無邊外
無內外中應如是
小分取捨全然無

一日於十有二時
悉皆思量之分別
古佛未生前消息
聞者卽信不疑誰

　대원 문재현 선사님의 스승이신 불조정맥 제77조 조계종(曹溪宗) 전강(田岡) 대선사님께서 1962년 대구 동화사의 조실로 계실 당시 대원 문재현 선사님께서도 동화사에 함께 머무르고 계셨다.
　하루는, 전강 대선사님께서 대원 선사님의 3연으로 되어 있는 제1오도송을 들어 깨달은 바는 분명하나 대개 오도송은 짧게 짓는다고 말씀하셨다. 이에 대원 선사님께서는 제1오도송을 읊은 뒤, 도솔암을 떠나 김제들을 지나다가 석양의 해와 달을 보고 문득 읊었던 제2오도송을 일러드렸다.

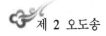제 2 오도송

해는 서산 달은 동산 덩실하게 얹혀 있고
김제의 평야에는 가을빛이 가득하네
대천이란 이름자도 서지를 못하는데
석양의 마을길엔 사람들 오고 가네

日月兩嶺載同模
金提平野滿秋色
不立大千之名字
夕陽道路人去來

 제2오도송을 들으신 전강 대선사님께서는 이에 그치지 않고 그와
같은 경지를 담은 게송을 이 자리에서 즉시 한 수 지어볼 수 있겠
냐고 하셨다. 대원 선사님께서는 곧바로 다음과 같이 읊으셨다.

바위 위에는 솔바람이 있고
산 아래에는 황조가 날도다
대천도 흔적조차 없는데
달밤에 원숭이가 어지러이 우는구나

岩上在松風
山下飛黃鳥
大千無痕迹
月夜亂猿啼

　　전강 대선사님께서는 위 송의 앞의 두 구를 들으실 때만 해도 지
그시 눈을 감고 계시다가 뒤의 두 구를 마저 채우자 문득 눈을 뜨
고 기뻐하는 빛이 역력하셨다.
　　그러나 전강 대선사님께서는 여기에서도 그치지 않고 다시 한 번
물으셨다.
　　“대중들이 자네를 산으로 불러내고 그 중에 법성(향곡 스님 법제자
인 진제 스님. 동화사 선방에 있을 당시에 ‘법성’이라 불렀고, 나중에 ‘법
원’으로 개명하였다.)이 달마불식(達磨不識) 도리를 일러보라 했을 때
‘드러났다’고 답했다는데, 만약에 자네가 당시의 양무제였다면 ‘모
르오’라고 이르고 있는 달마 대사에게 어떻게 했겠는가?”
　　대원 선사님께서 답하셨다.
　　“제가 양무제였다면 ‘성인이라 함도 서지 못하나 이러-히 짐의
덕화와 함께 어우러짐이 더욱 좋지 않겠습니까?’ 하며 달마 대사의
손을 잡아 일으켰을 것입니다.”
　　전강 대선사님께서 탄복하며 말씀하셨다.
　　“어느새 그 경지에 이르렀는가?”
　　“이르렀다곤들 어찌 하며, 갖추었다곤들 어찌 하며, 본래라곤들

어찌 하리까? 오직 이러-할 뿐인데 말입니다."

대원 선사님께서 연이어 말씀하시자 전강 대선사님께서 이에 환희하시니 두 분이 어우러진 자리가 백아가 종자기를 만난 듯, 고수 명창 어울리듯 화기애애하셨다.

달마불식 공안에 대한 위의 문답은 내력이 있는 것이다. 전강 대선사님께서 대원 선사님을 부르기 며칠 전에, 저녁 입선 시간 중에 노장님 몇 분만이 자리에 앉아있을 뿐 자리가 텅텅 비어 있었다고 한다.

대원 선사님께서 이상히 여기고 있던 중, 밖에서 한 젊은 수좌가 대원 선사님을 불렀다. 그 수좌의 말이 스님들이 모두 윗산에 모여 기다리고 있으니 가자고 하기에 무슨 일인가 하고 따라가셨다.

그러자 그 자리에 있던 법성 스님이 보자마자 달마불식 법문을 들고 이르라고 하기에 지체없이 답하셨다.

"드러났다."

곁에 계시던 송암 스님께서 또 안수정등 법문을 들고 물으셨다.

"여기서 어떻게 살아나겠소?"

대뜸 큰소리로 이르셨다.

"안·수·정·등."

이에 좌우에 모인 스님들이 함구무언(緘口無言)인지라 대원 선사님께서는 먼저 그 자리를 떠나 내려와 버리셨다.

그 다음날 입승인 명허 스님께서 아침 공양이 끝난 자리에서 지

난 밤 입선시간 중에 무단으로 자리를 비운 까닭을 묻는 대중 공
사를 붙여 산 중에서 있었던 일들이 낱낱이 드러나고 말았다. 그리
하여 입선시간 중에 자리를 비운 스님들은 가사 장삼을 수하고 조
실인 전강 대선사님께 참회의 절을 했던 일이 있었다.

전강 대선사님께서는 이때에 대원 선사님께서 달마불식 도리에
대해 일렀던 경지를 점검하셨던 것이다.

이런 철저한 검증의 자리가 있었던 다음 날, 전강 대선사님께서
부르시기에 대원 선사님께서 가보니 주지인 월산(月山) 스님께서
모든 것이 약조된 데에서 입회해 계셨으며 전강 대선사님께서는
곧바로 다음과 같이 전법게(傳法偈)를 전해주셨다.

 전 법 게

부처와 조사도 일찍이 전한 것이 아니거늘
나 또한 어찌 받았다 하며 준다 할 것인가
이 법이 2천년대에 이르러서
널리 천하 사람을 제도하리라

佛祖未曾傳
我亦何受授
此法二千年
廣度天下人

덧붙여 이 일은 월산 스님이 증인이며 2000년까지 세 사람 모두 절대 다른 사람이 알게 하거나 눈에 띄게 하지 않아야 한다고 당부하셨다.

만약 그러지 않을 시에는 대원 선사님께서 법을 펴 나가는데 장애가 있을 것이라고 예언하셨다. 또한 각별히 신변을 조심하라 하시고 월산 스님에게 명령해 대원 선사님을 동화사의 포교당인 보현사에 내려가 교화에 힘쓰게 하셨다.

대원 선사님께서 보현사로 떠나는 날, 전강 대선사님께서는 미리 적어두셨던 부송(付頌)을 주셨으니 다음과 같다.

 부 송

어상을 내리지 않고 이러-히 대한다 함이여
뒷날 돌아이가 구멍 없는 피리를 불리니
이로부터 불법이 천하에 가득하리라

不下御床對如是
後日石兒吹無孔
自此佛法滿天下

위의 송의 '어상을 내리지 않고 이러-히 대한다 함이여'라는 첫째 줄 역시 내력이 있는 구절이다.

전에 대원 선사님께서 전강 대선사님을 군산 은적사에서 모시고 계실 당시 마당에서 홀연히 마주쳤을 때 다음과 같은 문답이 있었다.

전강 대선사님께서 물으셨다.

"공적(空寂)의 영지(靈知)를 이르게."

대원 선사님께서 대답하셨다.

"이러-히 스님과 대담(對談)합니다."

"영지의 공적을 이르게."

"스님과의 대담에 이러-합니다."

"어떤 것이 이러-히 대담하는 경지인가?"

"명왕(明王)은 어상(御床)을 내리지 않고 천하 일에 밝습니다."

위와 같은 문답 중에 대원 선사님께서 답하신 경지를 부송의 첫째 줄에 담으신 것이다.

전강 대선사님께서 대원 선사님을 인가(印可)하신 과정을 볼 때 한 번, 두 번, 세 번을 확인하여 철저히 점검하신 명안종사의 안목에 탄복하지 않을 수 없으며 이에 끝까지 1초의 머뭇거림도 없이 명철하셨던 대원 선사님께 찬탄하지 않을 수 없다.

그리하여 법열로 어우러진 두 분의 자리가 재현된 듯 함께 환희 용약하지 않을 수 없다.

이제 전강 대선사님과 약속한 2천년대를 맞이하였으므로 여기에
전법게를 밝힌다.
　이로써 경허, 만공, 전강 대선사님으로 내려온 근대 대선지식의
정법의 횃불이 이 시대에 이어져 전강 대선사님의 예언대로 불법
이 천하에 가득할 것이다.

바로보인 불법 ⑩

바로보인 선문염송(禪門拈頌)

29

대원 문재현 선사 역저

책을 내면서

『선문염송(禪門拈頌)』은 『전등록(傳燈錄)』과 더불어 세계 최대의 공안집(公案集)이다. 중국에서 출간된 『경덕전등록(景德傳燈錄)』의 양억이 쓴 서문에 의하면 경덕전등록 전30권에는 1,701명의 선사님이 실려 있다.

그런데 선사님 한 분의 어록 안에 여러 공안이 실려 있으므로 전체 공안의 수는 책에 실린 선사님의 수보다 훨씬 많다고 할 것이다.

『선문염송』 역시 본 공안만 해도 1,463칙으로 이루어져 있다. 게다가 각 공안마다 많게는 수십 분, 적게는 한두 분 선사님의 법문과 송(頌)이 딸려 있고, 각 법문과 송에 또한 많은 공안도리가 숨어 있으니 그것들을 다 든다면 만 여 공안이 넘어 오히려『전등록』의 공안 수를 훨씬 웃돌 것이라고 본다.

이러한 보배 중의 보배가 설두(雪竇) 선사님의 후신이라고 일컬어지는 고려 진각(眞覺) 국사님에 의해 완성되어 우리나라에서 초유로 간행되었으니 자랑스러운 일이라 아니할 수 없다.

『선문염송』을 보며 석가모니 부처님께서 병에 따라 약을 주시듯 근기에 따라 갖은 방편을 다하여 자유자재 수행인을 제접하신 바가 참으로 희유한 법인 공안도리를 이루게 되었다는 것에서 새삼 경외감을 느꼈다. 또한 설두 선사와 진각 국사 두 몸에 걸쳐 끝내이 공안집의 완성을 이루신 그 서원에 감동하였다.

그러하니 혼자 몸으로 이『선문염송』의 전 공안을 번역하고 평하여 바로 보이신 스승님의 지혜와 자비, 원력에 어찌 찬탄의 말씀을 드리지 않을 수 있을까.

『선문염송』은 앞에서도 이야기했듯 우선 본칙부터 전 공안을 망라하다시피 한 방대한 양이며 이에 대해 많은 선사님들의 법문까지 결집해 놓은 터라 부처님으로부터 각 선사님들의 법 쓰시는 바를 손바닥 들여다보듯 하지 않고는 제대로 번역할 수가 없다.

그러므로 이것은 번역이 아니라 다시금 보이셨다는 말이 걸맞을 것이다.

'양구(良久)'라는 한마디도 어떻게 번역하느냐에 따라 수행인이 더욱 분명히 공안을 참구하는 계기가 되는 것이다. 선사님들이 말없이 계시는 내역을 바로 짚기란 여간 어려운 것이 아닌데 스승님께서는 이를 의로(意路)에 따라 읽어내어 '잠잠히 있다가' 혹은 '말없이 보이고'로 번역하셨다.

또한 양구의 내역뿐 아니라 법문의 어디에 선사님들의 참 의중인 공안이 숨어있는가를 고스란히 드러내어 그 공안을 바로 참구할 수 있게끔 번역하셨으니 공안참구의 길잡이 역할을 하셨다는 것을 독자들은 바로 알아차릴 수 있을 것이다.

게다가 난해하기로 유명한 『선문염송』, 어떤 선사도 감히 전 공안에 대해 입을 벌리지는 못했는데 스승님께서는 최초로 전 공안에 취모검 휘두르기를 두려워하지 않으셨다.

한마디로 일체종지를 통달한 이가 아니고는 애시당초 엄두도 내지 못할 일을 거침없이 각 칙마다 일러가셨으니 그 통달한 지혜에 누군들 탄복하지 않을 수 있을까.

더불어 평생에 걸쳐서라도 이 공안집 30권을 바로 보이시겠다는 스승님의 원력과 노고를 잊을 수가 없다. 당신이 아니면 할 수 없는 일이라는 사명감에 국제선원을 짓는 불사와 전국의 제자를 가르치는 와중에도 1992년도부터 9년째 『선문염송』 작업을 놓지 않으셨다.

지금도 눈에 환히 떠오르는 것은 주말마다 선원에 가면 밤늦게까지 불켜진 스승님의 방, 방문을 열면 책상 앞에서 『선문염송』 작업을 하다가 고개를 들어 웃어주시며 피곤한 눈가에 맺힌 눈물을 닦아내시던 스승님의 모습이다.

하루에도 여러 번 불사현장을 오가느라 지친 몸에도 작업을 보면 떨치고 일어나 앉으셨다. 그때마다 얼마나 죄스럽고 안타까운 마음이었던가.

『바로보인 전등록』 전 30권의 완역과 더불어 이 『바로보인 선문염송』 30권의 역저로 스승님의 번개 같은 지혜와 후학자를 위한

자비의 빛이 제불보살님, 뭇 선사님들의 광휘와 더불어 스러지지
않을 것을 믿는다.

『선문염송』 30권 중 1권은 대부분 석가모니 부처님께서 보이신
공안으로 이루어져 있다. 당시에 이러한 공안도리로써 제접하셨다
니 부처님께서는 시공을 초월한 분이란 것을 증명한 대목이라 아
니할 수 없다.

그럼에도 불구하고 공안도리가 마치 석가모니 부처님 당대에는
없었던 조사님들만의 특별한 법인 양 말씀하시는 분들이 많은 것
이 안타깝다.

조사님들이 최상승인 조사선 도리로 제창하셨다 하나 부처님과
비교하는 것은 당초에 어리석은 논의라고 본다.

부처님께서 영산회상에서 꽃 들어 보인 소식 하나만 보더라도 그
러하다. 여기 어찌 조사선, 여래선을 논하랴.

꽃 들어 보임에 온통 법계라
가섭이 미소지음 흔연히 나뉨없어
이 소식 알런가
덩실 덩실 더덩실

2000년 9월 1일
진성(眞性) 윤주영(尹柱瑛)

서 문

　말세가 되어 마(魔)는 강해지고 법(法)은 쇠약해져 사법(邪法)을 추구하는 사람들이 늘어나면서 사법이 무성해지고 세상이 혼란해지니 그 어느 때보다도 정법(正法)이 요구되는 시점이다. 그래서 미력하나마 감히 어둠을 밝히는 등불이 되기를 결심한 터였다.

　그런데 부산에 사는 하목원님이 염송번역 본문 두어 권을 가지고 와서 '내가 보아도 번역을 이렇게 해서 되겠나 하는 대목이 많아서 가져왔습니다. 아무리 교화에 바쁘시더라도 스승님께서 틈을 내셔서 번역을 하셔야 되겠습니다.'라고 간곡히 청하여 『선문염송』 번역에 착수하게 되었다.

　부처님과 조사님들의 가르침은 오직 깨달음에 뜻이 있다. 그 가르침의 진수만을 진각 국사께서 가려 결집해 놓은 것이 바로 『선문염송』이다. 이 주옥 같은 공안들을 누구나 볼 수 있어야 하는데 한문 원본으로 있거나 부처님들과 조사님들의 근본 뜻과는 먼 번역본들뿐이니 어떠한 일이 있어도 금생에 완역을 하여 불조의 뜻을 바로 보게 하겠다는 맹세를 스스로 하게 되었다.

 그러나 막상 번역에 착수하고 보니 오자는 아님에도 여러 본을 구해놓고 보아도 뜻이 통하지 않는 대문이 많았다. 그럴 때마다 국내 대형 서점을 돌아다니며 옛 한자사전 또는 대형 한자사전을 구해서 조사님 당대에는 그 글자가 어떠한 뜻으로 쓰였는가를 찾고, 그것이 위아래 뜻에 통하는가 관조하여 불조(佛祖)의 본 뜻에 어긋나지 않는 번역이 되도록 최선을 다하였다.

 그러나 혹 미비한 점이 있다면 강호제현님들의 명안책언(明眼嘖言)이 있기를 바란다.

 이 책이 나오기까지 편집·윤문에 진성 윤주영, 제작·교정에 도명 정행태, 진연 윤인선이 수고한 바에 깊이 감사한다.

 또한 이 책을 보는 이들 모두가 성불(成佛)로 회향(回向)되기만을 빈다.

 어떻게 회향할 것인가?

 옥녀봉 위 흰 구름 한가롭고
 광암의 저수지 짙푸르다
 진연아, 차 한 잔 내오렴

단기(檀紀) 4333년
불기(佛紀) 3027년
서기(西紀) 2000년

무등산인 대원 문재현
(無等山人 大圓 文載賢)

차 례

◇ 부 록

일러두기

1. 장설봉(張雪峰) 선사님께서 현토한 본을 가지고 번역하되 뜻이 통하지 않는 곳은 동국대 역경원본, 백봉(白峯) 거사본을 모두 참고하여 오자가 없고 본 공안 이치에 어김이 없도록 최선을 다하였다.

2. 위와 같이 여러 본을 두루 살펴보아도 뜻이 통하지 않는 경우에는 그 조사(祖師) 당시에 그 글자가 어떤 뜻으로 쓰였는지 옛 한자 사전을 찾아 번역하였다.

3. 특별한 일화나 선가(禪家)에서 두루 쓰였던 용례를 모르고는 번역할 수 없는 것들은, 중국의 고사성어 사전이나 일본과 중국의 최대 표제어의 선어사전(禪語辭典)에서 찾아 번역하였다.

4. 원문의 한자는 오자(誤字)가 적은 장설봉 선사님께서 현토한 본을 기본으로 입력하였으나, 고자(古字)가 많아서 입력이 어려운 경우 현대에 널리 쓰이는 동자(同字)를 취하여 입력하였다. 또한, 장설봉 현토본에도 오자가 있을 때에는 동국대 역경원본을 참고하였다.

5. 각 칙마다 역저자인 대원 문재현 선사님의 도움말과 시송을 더하여 공안의 본 뜻을 들추어내 놓았다.

6. 각 칙의 제목은 기존에 널리 쓰여졌던 제목과 새 제목을 병기하였다.

1324칙 소의(小意) / 불법의 큰 뜻

 본 칙

수산 선사에게 어떤 선승이 물었다.
"어떤 것이 불법의 큰 뜻입니까?"
수산 선사가 대답하였다.
"나는 작은 뜻으로 그대를 대한 적이 없느니라."

首山 因僧問 如何是佛法大意 師云 我不將小意對闍梨

∽ 신정인 선사가 이 칙을 들고 말하였다.

만약 나에게 묻는다면 다만 그에게 "그 한 물음이 어찌 작은 뜻이겠는가?" 하기만 하리라. 알겠는가?

수산은 마치 물을 지고 강가에 가서 팔려는 것 같고, 신정은 다만 굴 속을 쳐부숨만 아노라.

(말없이 보이고)

마주 보면서도 눈썹 까딱할 줄도 모르니, 그대는 동쪽이요 나는 서쪽이로다.

神鼎諲 擧此話云 若有問神鼎 但向道 此一問 豈是小意 會麼 首山
大似擔水河頭賣 神鼎 只解就窩裏打 良久 曰 相見不揚眉 君東我亦
西

대원 문재현은 이 칙을 모두 들고나서 이르노라.

　만약 어떤 이가 대원에게 그렇게 묻는다면 다만 엄지를 세우리
라.
　험!

1325칙 차경(此經) / 이 경

 본 칙

수산 선사에게 어떤 선승이 물었다.

"일체 부처님들이 모두 이 경에서 나왔다 하니, 어떤 것이 이 경입니까?"

수산 선사가 대답하였다.

"소리를 낮춰라. 소리를 낮춰."

선승이 다시 물었다.

"어떻게 받아 지니리까?"

수산 선사가 대답하였다.

"절대 더럽힐 수 없느니라."

首山 因僧問 一切諸佛 皆從此經出 如何是此經 師云 低聲低聲 僧云 如何受持 師云 切不得汚染

∽ 투자청 선사 송

물은 곤륜에서 나오고 구름은 산에서 일어난다
어부와 나무꾼이 내력을 모르니
큰 파도와 산봉우리 넓고 험한 줄만 알고
낚싯줄 던지고 도끼 버리는 소리엔 긍정하지 못하네

投子靑 頌
水出崑崙山起雲
釣人樵父昧來因
只知洪浪巖巒濶
不肯抛絲棄斧聲

○ 천동각 선사가 상당하여 이 칙을 들고 말하였다.

이 경을 물어 왔는데 "소리를 낮춰라. 소리를 낮춰."라고 함이여,
대천의 경전이라고 하는 것이 티끌에서 나오고, 삼세의 부처라고
하는 것이 입에서 나왔다.
  하늘은 온통인 것을 인하여 맑고, 땅은 온통인 것을 인하여 편안
하다.
  의지할 곳 없는 허공이요, 참[盈]이 없는 골짜기일세.
  마하반야바라밀이라.
  지는 해에 어부와 나무꾼이 태평가를 부르는구나.

天童覺 上堂擧此話云 來問此經 低聲低聲 大千卷自塵中出 三世佛
從口裏生 天得一以淸 地得一以寧 空無依兮谷不盈 摩訶般若波羅密
落日漁樵歌大平

대원 문재현은 이 칙을 모두 들고나서 이르노라.

어떤 이가 대원에게 "어떤 것이 이 경입니까?" 하면 "외우기까지 하는구나." 하고 "어떻게 받아 지닙니까?" 하면 "거듭 지니려 하지 말라." 하리라.

1326칙 용심(用心) / 마음을 쓰는 곳

 본 칙

수산 선사에게 어떤 선승이 물었다.
"어떤 것이 학인이 마음을 쓰는 곳입니까?"
수산 선사가 대답하였다.
"그대의 그 한 물음이 늦었느니라."

首山 因僧問 如何是學人用心處 師云 怪你一問遲也

∽ 투자청 선사 송

말하기 전에는 미혹과 깨달음을 밝히기 어렵다 하고
말한 뒤에야 참된 마음 드러난다고 하면서
걸음을 재촉하여 명옥을 탐할 줄만 알았으니
그 어찌 신령한 싹이 봄과 관계 없음을 믿으랴

投子青 頌
未語難明迷悟情
發言方表赤心人
祗貪進步求名玉
爭信靈苗不受春

대원 문재현은 이 칙을 모두 들고나서 이르노라.

대원은 그렇게 하지 않으리니, "차나 들라." 할 것이다.
험!

1327칙 친절(親切) / 친절한 곳

🪷 본 칙

수산 선사에게 어떤 선승이 물었다.
"어떤 것이 학인의 친절한 곳입니까?"
수산 선사가 대답하였다.
"겨울[1]이 다하는 날, 또 봄을 맞느니라."
다시 물었다.
"끝내 어떠합니까?"
"겨울부터 한식은 백오일이니라."

首山 因僧問 如何是學人親切處 師云 五九盡日又逢春 僧云 畢竟如

何 師云 冬去寒食一百五

---

1) 원문에 오구(五九)라고 되어 있는데, 중국에서 삼구(三九)라 하면 제일 추울 때를 말
 하고, 오구라 하면 동지가 지난 뒤의 37일에서 45일 사이를 말한다.

∽ 투자청 선사 송

해 지자 구름 짙어 성 밖의 들 그윽한데
중양이 지난 뒤에 국화 향기 새롭다
서쪽 산길 얼음이 다 없어지지 않는다면
동쪽 산의 봄소식을 어떻게 얻으리

投子青 頌
日暮陰雲郊野深
重陽到後菊花新
不因西嶠殘氷盡
爭得東山一帶春

대원 문재현은 이 칙을 모두 들고나서 이르노라.

　대원은 그렇게 하지 않으리니 "어떤 것이 학인의 친절한 곳입니까?" 하면 "이(二) 앞의 일(一)이다." 할 것이다.

1328칙 요득(要得) / 물음은 대답한 곳에 있고, 대답은 물은 곳에 있다

 본 칙

수산 선사가 대중에게 보이고 말하였다.

"친절한 곳을 얻으려면 첫째 질문을 가지고 와서 묻지 말라. 알겠는가? 물음은 대답한 곳에 있고, 대답은 물은 곳에 있으니, 그대가 만일 물음을 묻는다면 노승이 그대들의 발밑에 있으리라. 그대가 만일 말을 하려고 망설이면 교섭할 길이 없으리라."

이때에 어떤 선승이 나서서 절을 하자, 수산 선사가 때렸다.

首山 示衆云 要得親切 第一莫將問來問 還會麽 問在荅處 荅在問處
你若將問來問 老僧 在你脚底 你若擬議則沒交涉 時 有僧 出禮拜 師
便打

∽ 부산원 선사가 이 칙을 들고 말하였다.

(말없이 보이고)

무슨 발 밑에 있다고 하는가? 대비관음이 손 펼 것도 없음이여,
온 몸이 눈동자로다.

(주장자로 선상을 치다.)

浮山遠 擧此話 良久云 說甚在脚底 大悲不展手 通身是眼睛 以柱杖
擊禪床

대원 문재현은 이 칙을 모두 들고나서 이르노라.

소리를 낮추고 소리를 낮출지어다.

버들은 물이 들어 파릇파릇
포도 위 아지랑이 아른아른
사람들의 옷들도 달라졌네

1329칙 일호(一毫) / 한 터럭 나기도 전

본 칙

수산 선사에게 어떤 선승이 물었다.
"한 터럭 나기도 전이 어떠합니까?"
수산 선사가 대답하였다.
"길에서 귀 뚫린 객을 만났다."
선승이 다시 물었다.
"한 터럭 난 뒤에는 어떠합니까?"
수산 선사가 대답하였다.
"더 이상 우물쭈물할 필요가 없느니라."

首山 因僧問 一毫未發時如何 師曰 路逢穿耳客 僧云 發後如何 師
曰 不用更遲疑

∽ 신정인 선사의 문답

일찍이 어떤 선승이 물었다.
"한 터럭 나기도 전이 어떠합니까?"
신정인 선사가 답하였다.
"흰 구름은 산 위에 있느니라."
그 선승이 다시 물었다.
"한 터럭 난 뒤엔 어떠합니까?"
"계곡 아래에 물이 흐르느니라."

(신정인 선사가 말하기를)
  만일 본칙의 두 마디 이야기라면 씹고 맛볼 것이 있어서 동쪽도
보고 서쪽도 보겠지만 신정의 이야기라면 마치 나무조각 같고 기
왓쪽 같아서 실로 아무런 맛도 없으니, 바로 스스로가 보고 스스로
가 깨달아야 한다. 알겠는가?
  하늘은 동남이 높고, 땅은 서북으로 기울었느니라.

  神鼎諲 擧此話云 曾有僧 問神鼎 一毫未發時如何 向伊道 白雲嶺上
僧云 發後如何 曰 澗下水流 若是前來兩轉語 有可咬嚼 東看西看 若
是神鼎這語 如喫木札瓦片相似 實無滋味 直是自見自悟 始得 會麽
天高東南 地傾西北

대원 문재현은 이 칙을 모두 들고나서 이르노라.

　어떤 이가 내게 "한 터럭 나기도 전이 어떠합니까?" 한다면 "버들이 물들어 파릇파릇하다." 하고 "한 터럭 난 뒤에는 어떠합니까?" 하면 "포도 위 아지랑이 아른아른한다." 할 것이다.
　험!

1330칙 졸랑(拙郞) / 졸렬한 낭군, 공교한 아가씨

 본 칙

수산 선사가 다음과 같이 송하였다.

애닯구나, 졸렬한 낭군이여,
공교롭고 묘함을 아는 이 없구나
봉림관[2]을 쳐부수고
신을 신고 물 위에 섰구나
애닯구나! 공교한 아가씨여,
북[梭]을 옮기면서도 베 짜는 줄을 모르는구나
닭싸움 시키는 사람을 구경하기만 탐하고
물소에 대해서는 아는 것이 없구려

首山 頌云
咄哉拙郞君

---

2) 봉림관(鳳林關) : 중국 삼국시대의 이름 있는 전쟁터. 전쟁에 있어서 아주 중요한 요
  처로서 큰 성벽이 서 있는 관문.

巧妙無人識
打破鳳林關
着靴水上立
咄哉巧女兒
擲梭不解織
貪看鬪雞人
水牛也不識

◌ 죽암규 선사가 이 칙을 들고 말하였다.

대중들이여, 이 두 게송이 무엇을 말한 것인가? 공교함과 졸렬함이 있는가, 공교함과 졸렬함이 없는가?

나중에 분양 화상이 사람들이 알지 못하는 것을 보고 또 주를 내었으니, "애닲구나, 졸렬한 낭군이여!" 한 것을 분양 선사는 말하기를 "희고 깨끗해서 정연하도다." 하였고, "공교롭고 묘함을 아는 이 없구나." 한 것을 분양 선사는 "기틀을 운전하나 면목이랄 것도 없다." 하였고, "봉림관을 쳐부수고" 한 것을 분양 선사는 "영롱한 성품을 흐렸다." 하였고, "신을 신고 물 위에 섰구나." 한 것을 분양 선사는 "티끌, 진흙에서 스스로 뛰어났도다." 하였다.

또 "애닲구나, 공교한 아가씨여!" 한 것을 분양 선사는 "묘한 지혜의 이치가 원융하도다." 하였고, "북을 옮기면서도 베 짜는 줄을 모르는구나." 한 것을 분양 선사는 "끊임없이 공을 세울 것도 없다." 하였고, "닭싸움 시키는 사람을 구경하기만 탐하고" 한 것을 분양 선사는 "곁에서 보는 이가 오르고 떨어짐을 환히 알아, 공을 다투되 자기는 상하지 않는다." 하였고 "물소에 대해서는 아는 것이 없구려." 한 것을 분양 선사는 "힘을 다해 짊어지되 머리뿔을 드러냄이 없다." 하였다.

그대들, 보라. 분양 선사가 이렇게 바늘이 가고 실이 따르듯 한 것이 어디가 잘못 디딘 한 걸음인가?

그대들, 안목도 뇌도 없이 그저 말에 따라 분양 선사 부자(父子)를 찾으려 하니, 이른바 검을 잃은 지 오래인데 공연히 뱃전에 표시를 하는 격이니라.

산승도 게송 하나가 있으니, 산승의 것은 알기는 쉬우나 들어가기가 어렵고, 분양의 것은 알기는 어려우나 들어가기는 쉽다. 여러분, 참선하는 이들은 자세히 판정해 보라.

졸렬한 낭군, 공교한 아가씨라 함이여, 졸렬하다 공교하다 하나 원래 모두 어리석음으로부터 온 것이 아니다.

졸렬한 이라 하나 언제나 공교한 이에게 부리움을 졸렬한 이가 알지 못할 뿐이다.

공교한 이도 백 번 졸하면 나귀가 되고, 졸렬한 이가 백 번 공교하면 나귀를 탄다 하나, 기틀을 바꾼다 함은 셈 하는 이의 법이어서, 편의를 얻었다 하면 편의에 떨어진 것이다.

공교함도 없고 졸렬함도 없으니, 그 안의 공교함과 졸렬함을 어떻게 말하랴.

(주장자를 한 번 내리치고)

손가락을 퉁길 때에 팔만법문이 이루어지고 찰나 사이에 아비지옥의 업을 소멸시킨다.

竹庵珪 擧此話云 大衆 這兩頌 是說箇什麼 是有巧拙 是無巧拙 後
來汾陽和尙 見人不會 又爲注解 咄哉拙郎君 汾陽 道素潔條然 巧妙

無人識 汾陽 道運機非面目 打破鳳林關 汾陽 道蕩盡玲瓏性 着靴水
上立 汾陽 道塵泥自異 咄哉巧女兒 汾陽 道妙智理圓融 擯梭不解織
汾陽 道無間功不立 貪看鬪鷄人 汾陽 道傍觀 審騰距 爭功不自傷 水
牛 也不識 汾陽 道全力能負 不露頭角 你看 汾陽恁麼針來線去 那裏
錯行一步 你無眼腦了 向語句裏 尋他汾陽父子 所謂鉏去久矣 徒勞刻
舟 山僧 也有一頌 山僧底 却易會 只是難入 汾陽底 難會 只是易入
你叅禪人 子細定當看 山僧 道拙郎君巧女兒 巧拙 由來惣不癡 拙人
常被巧人使 只是拙人 常不知 巧人百拙作驢子 拙人百巧騎驢兒 輸機
乃是算人法 得便宜是落便宜 也無巧也無拙 箇中巧拙 如何說 以柱杖
卓一下云 彈指圓成八萬門 刹那滅却阿鼻業

대원 문재현은 이 칙을 모두 들고나서 이르노라.

이러기에 옛 분이 이르기를
자비가 병이 된다 했으니
일이삼은 사오륙 앞의 수요
사오륙은 일이삼 뒤의 수네
험!

1331칙 죽비(竹篦) / 죽비

 본 칙

수산 선사가 죽비를 들고 선승에게 말하였다.

"죽비라 하면 걸리고, 죽비라 하지 않으면 등진다. 말해보라. 무엇이라 불러야 되는가?"

首山 拈起竹篦子 問僧云 喚作竹篦卽觸 不喚作竹篦卽背 且道 喚作什麼

∽ 운문고 선사 송

침범하거나 지키는 것 아니건만 등진다 범한다 하니
분명히 곧바로 거량하라
취모검을 움직인 적 없으나
바탕에 온통 칼·창이로세

雲門杲 頌
背觸非遮護
明明直擧揚
吹毛雖不動
遍地是刀鎗

∽ 죽암규 선사 송

죽비를 들어 올림이여
어떻게 집에 이르를꼬?
비마암³⁾ 선사는 알지 못하면
그 후에 곧장 목차를 들었네

竹庵珪 頌
擧起竹篦子
如何便到家
秘魔嵓不會
隨後便擎叉

---

3) 비마암(秘魔嵓) : 당나라 비마 화상이 비마사에서 법을 설하여 비마암이라 불렀다.
비마 화상은 언제나 목차(木叉, Y자형 나무막대기. 행각할 때 쓰는 도구)를 하나 들
고 누구든 와서 예를 올리면 목차로 목을 집고 말하였다. "어떤 마귀가 너한테 출가
하라 했는가? 어떤 마귀가 너한테 행각하라 했는가? 말해도 목차 아래에서 죽고, 말
하지 않아도 목차 아래에서 죽으리라. 빨리 일러라. 빨리 일러."라고 하였다.

∽ 무용전 선사 송

검게 칠한 죽비를 집어 듦이여
빠른 우레는 귀 가림으론 안 된다
덕산도 임제도 망연한데
어리석은 이가 어찌 입을 대랴

無用全 頌
黑柒竹篦握起
迅雷不及掩耳
德山臨際茫然
懵底如何揷觜

∽ 운문고 선사가 보설[4]에서 말하였다.

방안에서 항상 납자들에게 묻기를 "죽비라 하면 걸리고 죽비라 하지 않으면 등진다. 말을 해서도 안 되고, 말을 하지 않아도 안 되며, 생각해서도 안 되고, 추측해서도 안 되며, 소매를 떨치고 가도 안 돼서 모두가 다 안 된다.

그대들이 죽비를 빼앗으면 빼앗는 것은 허락하겠지만 만일 내가 "주먹이라 하면 걸리고, 주먹이라 하지 않으면 등진다." 하면 그대들은 또 어떻게 빼앗겠는가?

다시 그대들이 "화상은 다 놓아버리시오." 한다면 놓아버리겠거니와 내가 "돌기둥이라 하면 걸리고, 돌기둥이라 하지 않으면 등진다." 하면 그대들은 또 어떻게 빼앗겠는가?

또 내가 "산하대지라 하면 걸리고, 산하대지라 하지 않으면 등진다." 하면 그대들은 또 어떻게 빼앗겠는가?

주봉이라는 장로가 "제가 화상의 죽비 이야기를 보건대 마치 남의 재산을 몰수하고 다시 그에게 물건을 바치라고 요구하는 것 같습니다." 하니 묘희(운문고)[5]가 "그대의 비유가 지극히 묘하나, 내가 참으로 그대에게 물건을 바치기를 요구하면 그대는 아무 것도 낼

─────────────────

4) 보설(普說) : 선가(禪家)의 설법. 널리 정법을 설하여 중생에게 열어 보인다는 뜻.
5) 묘희는 대혜 종고 선사의 호이다. 주로 '운문고'라고 불렸다. 중국 남송(南宋) 시대의 선승으로 임제종 양기파(楊岐派)의 5대 전인이다. 묵조선을 비판하고 간화선을 제창하여 선종 불교의 발달에 큰 영향을 끼쳤다.

것이 없어서 죽을 길밖에 없을 것이다. 물에 뛰어들거나 불에 뛰어
들어 목숨을 던져서 죽어야 다시 살아나리니, 그때에 그대를 보살
이라 한들 기뻐할 것이며, 도적이라 한들 성을 내겠는가? 전과 같
이 그저 옛 사람일 뿐이거늘…. 그러므로 옛 사람이 벼랑에 달린
손을 놓아버려야 스스로 알 것이며, 죽었다가 다시 깨어나야 그대
를 속이지 못하리라 했으니, 이런 경지에 이르러야 비로소 죽비의
화두에 계합하리라." 하였느니라.

  雲門杲 普說云 室中 常問禪和子 喚作竹篦則觸 不喚作竹篦卽背 不
得下語 不得無語 不得思量 不得卜度 不得拂袖便行 一切惚不得 你
便奪却竹篦 我且許你奪却 我喚作拳頭則觸 不喚作拳頭卽背 你又如
何奪 更饒你道介請和尙 放下著 我且放下著 我喚作露柱則觸 不喚作
露柱則背 你又如何奪 我喚作山河大地則觸 不喚作山河大地則背 你
又如何奪 有介舟峯長老云 某看和尙竹篦子話 如籍沒却人家財産了
更要人納物事 妙喜曰 你譬喩 得極妙 我眞箇要你納物事 你無從所出
便湏討死路去也 或投河 或赴火 拌得命 方始死得死了 却緩緩地 再
活起來 喚你作菩薩 便歡喜 喚你作賊漢 便惡發 依前只是舊時人 所
以 古人 道 縣崖撒手 自肯承當 絶後再蘇 欺君不得 到這裏 始契得
竹篦子話

∽ 운문고 선사가 다시 보설에서 말하였다.

죽비라 하면 걸리고, 죽비라 하지 않으면 등진다. 말을 해서도 안
되고 말을 하지 않아서도 안 된다. 생각해서도 안 되고 망설여서도
안 된다. 이럴 때를 당해서는 석가와 달마라도 콧구멍이 있어도 숨
을 쉴 수 없으리라.
말해보라. 이 한 공안에 무슨 장점이 있는가? 알겠는가?
귀한 이가 만났다고 하면 천해지고, 천한 이가 만나면 귀해지니,
귀해지고 천해지는 곳에 이르려면 다시 짚신을 사서 행각을 해
야 한다.
그러므로 "유심으로도 구할 수 없고, 무심으로도 구할 수 없으며,
말로도 지을 수 없고, 적묵으로도 통할 수 없다." 하느니라. 비록
그렇다 하나 하늘이 두루 덮은 것 같고, 땅이 두루 받친 것 같아서
온전히 놓음이요, 온전히 거둠이고, 온전히 죽임이요, 온전히 살림
이다. 묘희의 이런 말까지도 여읠 수 없는 이 소식임을….

又普說云 喚作竹篦則觸 不喚作竹篦則背 不得下語 不得無語 不得
思量 不得擬議 正當恁麼時 釋迦老子 達磨大師 雖有鼻孔 直是無出
氣處 且道 遮一則公案 有甚長處 還委悉麼 遇貴則賤 遇賤則貴 若向
貴賤處著到 更須買草鞋行脚 始得 所以道 不可以有心求 不可以無心

得 不可以語言做 不可以寂默通 雖然如是 如天普盖 似地普擎 全放
全收 全殺全活 妙喜伊麼道 也不離者箇消息 云云

대원 문재현은 이 칙을 모두 들고나서 이르노라.

지극한 대자비를 베풀어
두 끝 여읜 본분에 들게 한다는 게
도리어 나눠놓은 꼴 되었네

조주가 권한 차나 드시지요
공양 때 죽비로써 같게 하고
사용 후 제자리에 걸어놓네

1332칙 범음(梵音) / 범음상

 본 칙

수산 선사에게 어떤 선승이 물었다.
"어떤 것이 범음상[6]입니까?"
수산 선사가 대답하였다.
"나귀 울음과 개 짖는 소리니라."

首山 因僧問 如何是梵音相 師云 驢鳴狗吠

---

6) 범음상(梵音相) : 부처님 32상 중의 하나. 소리가 원만하고 미묘한 부처님의 청정한
음성을 말한다. 가릉빈가 소리와도 같아서 듣는 이를 즐겁게 하고 무량의 이익을
얻게 한다.

∽ 대각련 선사 송

나귀 울음, 개 짖음이여
남북으로 하늘이 시끄럽고 동서로는 땅을 친다
사람들로 하여금 손뼉치며 깔깔 웃게 함이여
세 마리의 원숭이가 코를 씻는다

大覺璉 頌
驢子鳴狗兒吠
南北喧天東西搕地
令人拍手笑呵呵
三箇猢猻洒巴鼻

∞ 정엄수 선사 송

목련이 부처님의 범음상을 구하여
신통을 다해도 끝을 볼 수 없었다 하나
뉘라서 알랴, 나귀 울음과 개 짖음까지도
뛰어난 원음을 인간과 천상에 보였음을

(이 기록은 선승이 호국 화상에게 물은 것으로 되어 있다.)

淨嚴遂 頌
目連求佛梵音相
運盡神通不見邊
誰悟驢鳴幷犬吠
圓音落落示人天
(此錄僧問護國和尙)

대원 문재현은 이 칙을 모두 들고나서 이르노라.

문풍지가 나보다 먼저 이르고
양지의 고양이도 보이건만
사람들 제 스스로 모르는구려

1333칙 황하(黃河) / 황하가 아홉 굽이니라

🪷 본 칙

정주 문수 응진 화상에게 어떤 선승이 물었다.
"만 가지 법은 하나로 돌아가는데 하나는 어디로 돌아갑니까?"
응진 화상이 대답하였다.
"황하가 아홉 굽이니라."

鼎州文殊應眞和尙 因僧問 萬法歸一 一歸何處 師云 黃河九曲

∽ 투자청 선사 송

'어디로 돌아가는가?' 근본을 궁구하여 법을 물음이여
황하는 푸른 물결을 뚫고 지나간다 했네
모름지기 알라, 구름 밖의 천 봉우리 위에
찬 이슬 두른 신령한 솔이 스스로 있네

投子青 頌
問法窮因歸何處
黃河透過碧波瀾
湏知雲外千峯上
別有靈松帶露寒

∽ 송원 선사가 상당하여 이 칙을 들고, 이어 목암 선사가 송한 것을 들고 말하였다.

아홉 굽이라 한 것이 어찌 눈을 깜박여 볼 모양이랴
배를 몰아 물결 가름 뉘 알까만
문수가 일찍이 하늘을 돌리는 손을 펴서
만 갈래 바다로 흐르는 물결을 모두 마르게 했네

목암 선사의 이런 말도 겨우 한쪽 눈만을 갖추었도다.

松源 上堂擧此話 連擧牧庵頌 九曲那容眨眼看 操舟誰解別波瀾 文
殊曾展回天手 直得朝宗萬派乾 師云 牧庵恁麽道 只具一隻眼

대원 문재현은 이 칙을 모두 들고나서 이르노라.

숭산 행원 선사가 내게 "만법은 하나로 돌아가는데 하나는 어디
로 돌아갑니까?" 하기에 "코끝에 떨어진 눈이 차다." 했느니라.

1334칙 용수(龍袖) / 돗자리를 걷은 뜻

🪷 본 칙

분주 태자원 선소가 수산 선사에게 물었다.

"백장 선사가 돗자리를 걷은 뜻[7]이 무엇입니까?"

수산 선사가 대답하였다.

"수도(서울)를 여니, 전체가 나타나느니라."

선소가 다시 물었다.

"스님의 뜻은 어떠하십니까?"

수산 선사가 대답하였다.

"코끼리 다니는 곳에 여우의 자취가 끊겼느니라."

선소가 이 말에 크게 깨닫고 일어나 절을 하고 말하였다.

"만고의 푸른 못에 허공의 달을 두세 번 건져내어 흔들어보고야 비로소 알았습니다."

汾州大子院善昭禪師 問首山 百丈捲簟意旨如何 山云 龍袖拂開全

---

7) 마조 선사가 상당하자 백장이 돗자리를 거둬가지고 나갔다. 이에 마조 선사가 하좌하였다.

體現 師曰 未審師意如何 山曰 象王行處 絶狐蹤 師言下大悟 拜起曰
萬古碧潭空界月 再三撈漉始應知

∽ 심문분 선사 송

몇 번이나 말을 돌이켜 달려 안개 넘는 데 이르렀던가
감히 고개를 들어 궁전을 보지 못하다가
오늘에야 쏜살같이 눈으로 힐끗 보니
구중 하늘에 상서로운 광명이 통했네

心聞賁 頌
幾廻躍馬到凌煙
不敢擡頭看內前
今日驀然儵眼覰
瑞光直透九重天

∽ 심문분 선사가 다시 이 칙을 들고 말하였다.

뛰어난 중에 더 뛰어나고, 면밀하지 못한 가운데 더 면밀하지 못하다. 밝히기 쉬운 가운데 더 밝히기 쉽고, 알기 어려운 가운데에서 더욱 알기 어렵다.

여러분은 끝내 어디에서 분양 노인을 보려는가?

(잠잠히 있다가)

악!

장로는 저 후손들이 알 수 없도록 할래야 알 수 없도록 할 수 없느니라.

又拈 奇特中 更奇特 莽鹵中 更莽鹵 易曉中 更易曉 難會中 更難會 諸人 畢竟向什麼處見汾陽老子 良久喝一喝云 長蘆 不可做他兒孫不得

대원 문재현은 이 칙을 모두 들고나서 이르노라.

고양이 쫓던 개는 쳐다보며 짓는데
나무 위 고양이는 야옹 울어 조롱하고

화단의 만발한 꽃 위에선
노랑나비 흰나비 춤을 추며

연못가 누각의 대금소리
이렇게 풍류 중의 풍류로세

1335칙 청견(靑絹) / 푸른 비단 부채에 서늘한 바람이 가득하니라

 본 칙

분주 선사에게 어떤 선승이 물었다.

"어떤 것이 조사께서 서쪽에서 오신 뜻입니까?"

분주 선사가 대답하였다.

"푸른 비단 부채에 서늘한 바람이 가득하니라."

汾州因僧問 如何是祖師西來意 師云 靑絹扇子足風凉

∽ 천복일 선사 송

총림의 걸출한 선을 분양에서 떨치니
팔방에 이름을 떨쳐 칭찬이 자자했네
누가 와서 조사가 서쪽에서 온 뜻 물으면
부채에 서늘한 바람이 가득하다 했네

薦福逸 頌
叢禪傑出鎭汾陽
譽走名馳振八方
人間西來祖師意
解云扇子足風凉

∽ 장산전 선사 송

푸른 비단 부채에 서늘한 바람이 가득하다 함이여
단제의 온전한 기틀을 잘 들어 드날렸네
달 밝은 파협⁸⁾에 원숭이 우는 밤
어느 곳의 사람인들 듣고 애끓지 않으랴

蔣山泉 頌
靑絹扇足風涼
斷際全機善擧揚
月明巴峽猿啼夜
何處人聞不斷腸

---

8) 파협(巴峽) : 협곡 중에서 가장 험한 협곡.

∽ 해인신 선사 송

조사의 뜻을 종사가 먼저 누설함이여
둥글둥글 푸른 부채, 서늘한 바람 가득하다 했네
선객이 알지 못해 거듭 묻는다면
혼자서 쓸쓸히 낙양을 지난다 하리

海印信 頌
祖意宗師先漏泄
團團靑扇足風凉
禪人未曉重相問
獨自悽悽過洛陽

∽ 상방익 선사 송

분양의 푸른 부채 값치기 어렵다 하나
서늘한 바람 끝내 쉬지 않는구려
보지 못했는가? 염관의 대중이
무소의 머리뿔을 앞다퉈 찾았던 것을[9]

上方益 頌
汾陽青扇價難酬
爲有風凉卒未休
不見塩官多少衆
競爭頭角覓犀牛

---

9) 염관 선사가 "내 무소뿔부채를 가져오너라." 하자 시자가 "부채가 망가졌습니다."라
고 하였다. 선사가 "부채가 망가졌거든 나에게 무소나 돌려다오" 하였는데 시자가
답하지 못하였다.

◌ 불감근 선사 송

둥글고 둥근 인품 깊고 묘한 뜻
한가히 집어내어 지음(知音)해 보였네
땀 흘러 등 젖도록 일찍이 방편을 베풀었으니
한밤중의 맑은 공기에 문득 마음을 밝히네

佛鑑勤 頌
風格團團妙意深
等閑拈出示知音
汗流浹背曾施手
氣爽中宵便負心

∽ 육왕심 선사 송

푸른 비단 부채에 서늘한 바람 가득하거늘
뉘라서 뜨거운 여름날이 긴 것을 두려워하랴
놓거나 거두거나 오직 이뿐이라
늙은 분양 저버리지 않도록 하라

育王諶 頌
青絹扇子足風涼
誰怕炎炎夏日長
放去收來只這是
莫教辜負老汾陽

대원 문재현은 이 칙을 모두 들고나서 이르노라.

어떤 것이 조사서래 뜻이냐고?
화로에 밤 터지는 소리라고
당당히 보이리니, 알겠는가?
험!

1336칙 주장(柱杖) / 주장자

 본 칙

분양 선사가 대중에게 보이고 말하였다.
"주장자에서 깨달아 알면 일생에 참구해 배우는 일을 마친다."
늑담 선사가 말하였다.
"주장자에서 깨달아 알았다 하면 지옥에 들기가 쏜살같으리라."

汾陽 示衆云 識得柱杖子 一生叅學事畢 泐潭 云 識得柱杖子 入地
獄如箭射

∽ 낭야각 선사 송

분양의 주장자가
천하의 선객에 알려짐이여
가을바람 화살같이 급하고
봄비는 윤이 나게 적신다

瑯琊覺 頌
汾陽柱杖子
天下走禪流
秋風急似箭
春雨潤如油

∽ 열재 거사 송

남해의 빈랑[10]이오
팔각회향[11]이라
만일 알지 못하다면
햇빛과 불빛이니라

悅齋居士 頌
南海檳榔
舶上茴香
若也未識
日光火光

---

10) 남해의 빈랑(檳榔)은 유명한 중국 본토의 특산물이다. 껌처럼 씹어서 뱉으면 피처
   럼 붉다.
11) 원문의 박상회향(舶上茴香)은 팔각회향이라고도 하며, 동남아에서 들어온 외래품
   이다. 향신료나 한약재로 쓰인다.

∽ 지혜일 선사가 상당하여 이 칙을 들고 말하였다.

이 두 존숙이 하나는 나오고 하나는 들어가고 반은 닫고 반은 열었으나 아직 무기를 마주 대하고 있도다.

천복은 그렇게 하지 않으리니, 주장자에서 깨달아 안 이여, 달을 그림에 찬 빛이 있게 하고, 구름을 가리킴에 가을 낙엽 구르듯 했네.

智海逸 上堂擧此話云 此二尊宿 一出一入 半合半開 猶是干戈相待 薦福 卽不然 識得柱杖子 劃月冷光在 指雲秋片移

∽ 취암열 선사가 이 칙을 들고 말하였다.

(주장자를 들어 세우고)

이것이 어찌 주장자가 아니리오. 어느 것이 그대들의 행각한 일
인가?

(다시 말하기를)

즐률주장자를 가로 메고 아무도 돌아보지 않고 곧장 천 봉, 만 봉
으로 들어간다.

翠嵓悅 擧此話 拈起柱杖云 這介 豈不是柱杖子 那介是汝行脚事 復
云 榔㮰橫擔不顧人 直入千峯萬峯去

⟳ 해인신 선사가 상당하여 이 칙을 들고 말하였다.

대단하다는 분양 선사와 늑담 선사가 주장자도 모르니, 삼십 방
망이를 때려야 좋겠다. 산승의 이런 말도 역시 오랜 세월 두꺼운
입술로 수치를 모르는 것 같으니라.

海印信 上堂擧此話云 大小汾陽瀏潭 柱杖子也不識 好與三十棒 山
僧與麽道 也是久日樺來唇

ꙅ 해인신 선사가 다시 상당하여 이 칙을 들고 말하였다.

(주장자를 들어 세우고)

대단하다는 분양 선사와 늑담 선사가 주장자도 모르니, 이십 방망이를 때려야 좋겠다. 산승은 그렇게 하지 않으리니, 주장자는 하늘에서 조짐을 이루고, 땅에서는 형상을 이루고, 산에서는 사나운 범이 되고, 물에서는 용이 된다.

말해보라. 산승의 손에서는 무엇이라 불러야 되는가?

(주장자로 선상을 한 번 치다.)

又上堂 拈起柱杖擧此話 師云 大小汾陽瀲潭 柱杖子也不識 好與二十棒 山僧則不然 柱杖子 在天成象 在地成形 在山爲猛虎 在水作蛟龍 且道 在山僧手中 喚作什麼 以柱杖 卓禪床一下

∽ 장산원 선사가 상당하여 이 칙을 들고 말하였다.

용화는 "주장자에서 깨달아 알았다면 행각함이 좋겠도다." 하리
라. 왜냐하면 이미 주장자에서 깨달아 알았으니 행각하며 써야 되
기 때문이다.
(잠잠히 있다가)
6월의 베지 않은 서리 맞지 않은 대,[12]
그림 그린 바다 위의 용을 헛되이 자랑하는구나.
(주장자를 한 번 내리치다.)

蔣山元 上堂擧此話云 龍華 道識得柱杖子 正好行脚 何故 旣識得柱
杖子 而用行脚 良久云 精陽 不剪霜前竹 水墨 徒誇海上龍 卓柱杖一
下

---

12) 오등회원(五燈會元)에 나오는 말로서 '精陽不剪霜前竹 水墨徒誇海上龍'라고 되어
   있다. 설봉본의 '靑'은 '精'의 오기로 보인다. 정양(精陽)은 6월을 말하며, 6월의 서
   리 맞지 않은 대나무는 튼튼하지 않다.

ᗡ 대위철 선사가 대중에게 보이고 이 칙을 들고 말하였다.

(주장자를 집어 들고)

이것은 주장자이다. 어느 것이 행각하는 일인가? 설사 그 속에서
보고 깨달았다 할지라도 납승의 문하에서는 겨우 속인 옷을 벗은
사미일 뿐이요, 만일 모른다면 삼가촌(三家村)에서 동쪽 서쪽을 점
쳐도 홀연히 점쳐 정할 수 없으리라.

　大潙喆 示衆擧此話 乃拈拄杖云 遮介 是拄杖子 那介是行脚事 直饒
向這裏見得 於衲僧門下 只是介脫白沙彌 若也不識 且向三家村裏 東
卜西卜 忽然卜着也不定

∽ 취암종 선사가 이 칙을 들고 말하였다.

옛 사람의 이런 말이 무슨 교섭이 있으리오.
(주장자를 번쩍 집어 들고)
모름지기 '이것'을 깨달아 알아야 한다.

翠嵓宗 拈 古人恁麼 有什麼交涉 驀拈柱杖云 湏是識得這箇 始得

∽ 묘지곽 선사가 상당하여 이 칙을 들고 말하였다.

대중들이여, 옛 사람이 마치 아홉 길의 산을 만들되 한 삼태기의 공(功)이 모자라는 것 같구나. 육왕(育王)은 그렇게 하지 않으리니, 주장자에서 깨달아 알았다면 바로 짚신을 사서 행각함이 딱 좋을 것이다.

妙智廓 上堂擧此話云 大衆 古人 大似爲山九仞 功虧一簣 育王 卽不然 識得柱杖子 正好買草鞋行脚

ᄋ 송원 선사가 상당하여 이 칙을 들고 말하였다.

분양은 비록 입을 열어 쓸개를 보였으나 제2의 것에 떨어짐을 면치 못했다.
(주장자를 번쩍 집어 들고)
이것은 주장자라고 부를 수도 없느니라. 칠통들아.
참!

松源 上堂擧此話云 汾陽 雖是開口見膽 未免落在第二頭 驀拈柱杖
云 者箇 不得喚作柱杖子 漆桶 紊

대원 문재현은 이 칙을 모두 들고나서 이르노라.

분양도 삼십방을 먹이고
늑담도 삼십방을 먹이노라
일이삼, 사삼이일, 오륙칠팔

1337칙 급절(急切) / 일시에 축착합착할 때

본 칙

분양 선사에게 어떤 선승이 물었다.
"일시에 축착합착할 때가 어떠합니까?"
분양 선사가 대답하였다.
"물속에서 사리불을 안았느니라."
다시 물었다.
"축착합착이 일시인 때가 어떠합니까?"
"벗은 아난을 보느니라."

汾陽 因僧問 切急相投時如何 師云 水中抱鷲子 又問急切相投時如
何 師云 裸形見阿難

◌ 낭야각 선사가 이 칙을 들고 말하였다.

일전어[13]가 천하 사람의 혀끝을 끊고, 일전어가 사람들의 안목을
열어준다. 그대들이 가려내면 그에게 주장자를 주리라.
(주장자를 던지다.)

琅琊覺 拈 有一轉語 截斷天下人舌頭 有一轉語 能開人眼目 你若揀
得出 與你一條柱杖 擲下柱杖

---

13) 일전어(一轉語) : 눈 앞 그대로 깨달음을 열 수 있는 계기가 되는 말.

대원 문재현은 이 칙을 모두 들고나서 이르노라.

분양 은혜 갚는 길 일러주랴
산기슭에 봄꽃은 화사하고
산령의 흰 구름은 한가하다

1338칙 서하(西河) / 어떤 방편을 써야 분양의 사람을 볼꼬

 본 칙

분양 선사가 말하였다.

"분양의 문하에는 서하의 사자가 문간에 앉아 누구든지 오기만 하면 물어 죽인다. 어떤 방편을 써야 분양의 문 안에 들어와서 분양의 사람을 볼꼬?"

汾陽 云 汾陽門下 有西河師子 當門據坐 但有來者 卽便咬殺 作何方便 入得汾陽門 得見汾陽人

∾ 낭야각 선사가 상당하여 이 칙을 들고 말하였다.

낭야의 여기에도 비슷한 것이 있다. "낭야의 사자가 앉아서 누구든지 오기만 하면 스스로 생명을 잃게 되니, 어떤 방편을 지어야 낭야의 문에 들어와서 낭야의 사람을 볼꼬?" 하니, 이 두 가지 말을 여러분은 점검해 내겠는가?

만일 점검해 내면 바야흐로 법을 가리는 안목이라 하겠지만, 만일 그렇지 못하다면 안신입명처가 없으리라.

瑯琊覺 上堂擧此話云 瑯琊 者裏也有些子 瑯琊 有據坐師子 若有來者 卽自喪身失命 作何方便 入得瑯琊門 得見瑯琊人 此兩轉語 汝等諸人 還點檢得出也無 若點檢得出 方名擇法眼 若不如是 且無安身立命處

◌ 삽계익 선사가 상당하여 이 칙을 들고, 이어 낭야 선사가 이 칙을 들어 말한 것을 들고 말하였다.

이 두 존숙은 가히 오십 걸음으로 백 걸음을 비웃는 격이구나. 인왕의 문턱에도 걸터앉은 사자가 있으나 오는 이들이 한 터럭도 움직임 없이, 또한 방편을 지음도 없이, 곧장 인왕의 문에 들어와서 인왕의 사람을 봄을 허락하노라.

어째서이겠는가? 그에게는 본래 상처가 없으므로 부디 상하게 하지 말 것이니라. 비록 그러나 한 개, 반 개라도 뛰어 벗어났다 하면 죽음 가운데 살려 하는 꼴이니라.

(불자로 선상을 한 번 치고 자리에서 일어나다.)

雪溪益 上堂舉此話 連舉瑯琊拈 師云 此二尊宿 可謂以五十步 笑百步 仁王 當門 有據坐獅子 來者 不動他一莖毛 亦不作方便 便許入仁王門 得見仁王人 何也 彼自無瘡 愼勿傷之 然雖如是 直饒有一介半介跳得出 也是死中得活 以拂子 擊一下 便起

∽ 심문분 선사가 이 칙을 들고 말하였다.

물어 죽인다는 것을 당장 쉴지어다. 무슨 문으로 들어가며 무슨 사람을 본다는 것인가? 그러나 분양을 저버리지는 말라.

心聞賁 拈 咬殺便休 用入什麽門 見什麽人 然雖如是 且莫辜負汾陽

대원 문재현은 이 칙을 모두 들고나서 이르노라.

어찌 보지 못했을꼬?
이미 분양을 통째로 차지했음을….

1339칙 초기(初機) / 초학자를 제접하는 구절

본 칙

분주 선사에게 어떤 선승이 물었다.

"어떤 것이 초학자를 제접하는 구절입니까?"

분주 선사가 대답하였다.

"그대는 행각승이니라."

선승이 다시 물었다.

"어떤 것이 납자를 가려내는 구절입니까?"

분주 선사가 대답하였다.

"해가 묘시에 서쪽에서 뜨느니라."

"어떤 것이 바른 법령을 시행하는 구절입니까?"

"천 리를 가지고 와서 옛 얼굴을 드러낸다."

선승이 다시 물었다.

"어떤 것이 하늘땅을 안정시키는 구절입니까?"

분주 선사가 대답하였다.

"북구로주[14]에서 자란 쌀을 먹는 이는 탐욕도 없고 성냄도 없느니

---

14) 북구로주(北俱盧洲) : 4대주(四大洲) 중의 하나. 생활이 안락하고 지옥이 없다. 북구
로주의 쌀은 심지 않아도 저절로 자라며, 도리천의 음식과 같이 맛이 좋다고 한다.

라."

다시 말하였다.

"노승이 이 네 마디 굴린 말로 천하의 납자를 시험하노라."

(운봉열 선사가 이 칙을 들고 말하기를 "이 네 마디로 천하 납자들의 감파함을 입었구나." 하였다.)

汾州 因僧問 如何是接初機底句 師云 汝是行脚僧 如何是辨衲僧底句 師云 日出西方卯 如何是正令行底句 師云 千里持來呈舊面 如何是定乾坤底句 師云 北俱盧洲長粳米 食者無貪亦無嗔 師復云 老僧將此四轉語 驗天下衲子(雲峯悅 拈 將此四句語被天下衲僧勘破)

∾ 숭승공 선사 송

천 리를 가지고 와서 옛 얼굴 드러낸다 했거늘
그때의 대중 중에 누가 알았는가
옛 성인 말씀이 헛되지 않음을 알아야 하나
입은 재앙의 문이니 어찌 가히 흙바닥에 뒹굴듯 하랴

(이는 바른 법령을 시행하는 구절을 송한 것이다.)

崇勝珙 頌
千里持來呈舊面
當時一衆誰能薦
須知古聖不虛言
口是禍門何可驟
(頌正令行句)

∽ 육왕심 선사 송

그대는 행각승이니라 함이여
남주(南州)에서 북주(北州)에 이르러
짚신 발꿈치 터져 집에 돌아온 뒤에야
자세히 생각하다 비로소 알았네

(이는 초학자를 제접하는 구절을 송한 것이다.)

育王諶 頌
汝是初機行脚流
南州打到北州頭
草鞋跟斷還家後
字細思量始識羞
(頌接初機句)

∽ 육왕심 선사가 다시 송하였다.

자리가 바뀌어 북쪽이 남쪽 되고
서쪽에서 해 돋는 일, 알아야 하네
납자의 분명한 경지 어떻게 가릴꼬
가려냈다고 하면 분명히 이·삼에 떨어짐이리

(이는 납자를 가리는 구절을 송한 것이다.)

又頌
斗轉星移北作南
西方日出會須諳
衲僧端的如何辨
辨得分明落二三
(頌辨衲僧句)

∽ 육왕심 선사가 다시 송하였다.

우리 집안 바른 법령, 행하려 할 때
천 리를 와서 옛 얼굴 드러낸다 하였네
지난 밤 삼경에 어디서 찾았는가?
찰간(刹竿) 꼭대기의 아미타에 절한다

(이는 바른 법령을 시행하는 구절을 송한 것이다.)

又頌
吾家正令擬行時
千里來呈舊面皮
昨夜三更何處覓
刹竿頭上禮阿彌
(頌正令行句)

∽ 육왕심 선사가 다시 송하였다.

땅과 하늘은 길이길이 부드럽고 굳세다
강함과 부드러움을 무엇하러 다시 헤아리랴
북구로주에서 자란 쌀을
그대들, 마음대로 갖다 먹으라

(이는 하늘땅을 안정시키는 구절을 송한 것이다.)

又頌
地久天長柔與剛[15]
剛柔何必更斟量
北俱盧洲長粳米
任你人人取性噇
(頌定乾坤句)

---

15) 설봉본의 '興'자는 '與'자의 오기로 보인다.

∽ 육왕심 선사가 다시 송하였다.

사람을 칠 때에는 한 주먹 먹는 일을 기억하라
차고 감이 주먹을 부른다는 것을 틀림없이 스스로 알 것이니
솜씨 중에서도 좋은 솜씨를 꾸짖는 좋은 솜씨라 하나
편의를 얻으려다가 편의에 떨어짐일세

(이는 분주의 나중 말과 운봉열의 염을 송한 것이다.)

又頌
打人記取喫拳時
踢去拳來合自知
好手手中謗好手
得便宜是落便宜
(頌汾州後語及雲峯悅拈)

∽ 심문분 선사 송

면면히 실 한 올도 샘이 없이
까딱 않고 끊어 돌아온 더욱 높은 기운이여
온누리가 지극한 덕화의 노래니
자연히 비 고르고 바람 순함일세

(이는 하늘땅을 안정시키는 구절을 송한 것이다.)

心聞賁 頌
綿綿不漏一絲毫
坐斷歸來氣愈高
八表四夷歌至化
自然雨順更風調
(頌定乾坤句)

◎ 동림총 선사가 이 칙을 들고 말하였다.

시험하려면 시험하라만 누군가가 긍정치 않는 것이야 어쩌랴? 보
봉은 오늘 대중 앞에서 감히 분양의 네 마디 말을 달리 하리라.

"어떤 것이 초학자를 제접하는 구절입니까?" 하면, "밑 없는 바릿
대에 광채가 혁혁하다." 하리라.

"어떤 것이 납자를 가려내는 구절입니까?" 하면 "천태의 즐률주
장자에 검은 비늘이 있느니라." 하리라.

"어떤 것이 바른 법령을 시행하는 구절입니까?" 하면 "동이를 머
리에 이고 철판을 배에 감고 삼천 리를 간다."[16] 하리라.

"어떤 것이 하늘땅을 안정시키는 구절입니까?" 하면, "인간과 천
상이 온통 봄이니라." 하리라.

(다시 말하기를)

분주는 그렇게 천하의 납자를 시험했고, 보봉은 이렇게 천하의
납자를 가려내느니라.

東林摠 拈 驗則驗矣 爭奈有箇人不肯 寶峯 今日 對大衆前 敢別汾
陽四轉語 如何是接初機底句 云 無底鉢盂光炟赫 如何是辨衲僧底句

---

16) 원문의 '대분섭복삼천리(戴盆鍱腹三千里)'는 목적과 방법이 상치되어서 이루어지기
    어려운 것을 비유한다.

云 天台榔標黑鱗被 如何是正令行底句 云戴盆鍱腹三千里 如何是定
乾坤底句 云人間天上一般春 復云 汾州 與麼驗天下衲子 寶峰 與麼
辨海上禪流

ᄋ 운문고 선사가 이 칙을 들고, 이어 대우지 선사가 이 칙에서
'납자의 감파를 당했다.' 한 것(어떤 기록에는 운봉열 선사가 말했다고
되어 있다)까지 들고 말하였다.

여러분은 대우지 선사를 알고 싶은가?
3년 동안 아비의 도를 바꿈이 없어야, 가히 효자라 하리라.

雲門杲 擧此話 連擧大愚芝拈 至衲僧勘破(一本云雲峯悅拈) 師云
諸人 要識大愚麽 三年無改於父之道 可謂孝矣

ᄭ 송원 선사가 상당하여 이 칙을 들고, 이어 운봉열 선사가 이 칙을 들어 말한 것을 들고 말하였다.

두 노장이 입에 가득히 서리를 머금었으나 모두가 뛰어 벗어나지 못했다. 천복에게 한 가닥 살 길이 있으니, 여럿이 다 같이 알기를 바라노라.

松源 上堂擧此話 連擧雲峰悅拈 師云 二老漢 滿口含霜 總跳不出 薦福 有一條活路 要與諸人共知

대원 문재현은 이 칙을 모두 들고나서 이르노라.

분양은 이 네 질문에 그렇게 일렀으니 대원도 일러보이리라.

어떤 것이 초학자를 제접하는 구절입니까?
땅에는 코스모스, 하늘에는 별이 총총하구나.

어떤 것이 납자를 가려내는 구절입니까?
(주장자를 높이 들고)
이것에 대답을 해보라.

어떤 것이 바른 법령을 시행하는 구절입니까?
아침엔 죽을 먹고 재[17] 때는 된밥을 먹었느니라.

어떤 것이 하늘땅을 안정시키는 구절입니까?
험!
이렇거늘 무엇을 더 말하라 하는가?

---

17) 재(齋) : 정오의 식사 때 아침의 죽에 대하여 점심식사의 밥을 재식(齋食)이라고 한
    다.

1340칙 만리(萬里) / 만 리에 한 조각 구름도 없을 때

본 칙

분주 선사에게 어떤 선승이 물었다.

"만 리에 한 조각 구름도 없을 때가 어떠합니까?"

분주 선사가 대답하였다.

"하늘이 맑다고 하더라도 방망이를 먹이리라."

선승이 다시 물었다.

"허물이 어디에 있습니까?"

분주 선사가 대답하였다.

"비가 내릴 때에도 비가 내린다는 것이 없고, 하늘이 맑을 때도 하늘이 맑다는 것이 없기 때문이니라."

汾州 因僧問 萬里無片雲時如何 師云 靑天 也湏喫棒 僧云 未審過 在什麼處 師云 堪作雨時不作雨 好晴天處不晴天

ㄱ 자항박 선사가 상당하여 이 칙을 들고 말하였다.

수레는 옆으로 밀지 못하고, 이치는 바르지 않은 것으로 결단할
수 없다. 옛 사람이 비록 온전한 기틀로 법령에 의거했으나 수고만
하고 공이 없다. 무슨 까닭인가? 말함을 보지 못했던가?
있는 힘을 다한 것이 때를 만난 것만 못하니라.
지금 어떤 이가 육왕에게 "만 리에 한조각 구름도 없을 때가 어
떠합니까?" 한다면 그에게 "큰 고래가 이미 파도를 타고 날아가고,
한 소리의 우레가 울리며 맑은 회오리바람이 일어난다." 하리라.
악!

慈航朴 上堂擧此話云 車不橫推 理無曲斷 古人 雖則全機據令 要且
勞而無功 何故 不見道 力得不如逢時 如今 或有人 問育王 萬里無片
雲時如何 只向佗道 長鯨 已駕浪頭飛 一聲雷振淸颺起 喝一喝

대원 문재현은 이 칙을 모두 들고나서 이르노라.

　하늘이 맑다고 하더라도 방망이를 먹인다 했거늘 허물을 묻는구
나.
　(하·하·하 크게 웃고)

　말 밖의 도리에 이변까지 다했거늘
　허물이 어느 곳에 있느냐 묻는구려
　대원이면 두어 번 때렸으리

1341칙 불락(不落) / 떨어졌다

 본 칙

여주 섭현 귀성 명수 대사에게 어떤 선승이 물었다.
"모든 인연에 떨어지지 말고 스님께서 말씀해주십시오."
섭현 대사가 대답하였다.
"떨어졌다."

汝州葉縣歸省明壽大師 因僧問 不落諸緣 請師道 師云 落

∽ 장산전 선사 송

떨어졌다는 방망이로 때림이여,
돌사람의 울음 터짐일세
한신의 공을 누가 따를 수 있으랴
고개 돌림, 연운각[18]을 무너뜨림일세

蔣山泉 頌
落棒打
石人鳴爆爆
韓信功勳誰與同
轉頭折了連雲閣

---

18) 연운각(連雲閣) : 진에서 촉으로 통하는 계곡에 가설한 공중다리이다. 초와 한의
전쟁 때에 장량이 불지른 것이 바로 이것이다. 유방과 항우는 누가 먼저 장안에
쳐들어가서 황제가 되는가 하는 내기를 했는데, 유방이 먼저 장안에 쳐들어갔으나
항우의 세력이 더 컸기 때문에 황제의 자리를 넘겨주었다. 그리고 서쪽의 촉으로
들어가 표면적으로는 전쟁과 아무 관계 없는 양하면서 암암리에 군사를 양성하고
양식을 준비했다. 이때 연운각을 세우고 5년 동안 전쟁 준비를 하였다. 전쟁이 시
작되자 항우의 대군이 연운각 주변으로 군사를 주둔시켰다. 그러나 이때 유방은
한신의 계책에 의해 연운각을 불사르고 다른 길로 쳐들어가 장안을 차지했다.

대원 문재현은 이 칙을 모두 들고나서 이르노라.

'떨어졌다'는 한마디 대단하네
한 소리로 공안 보임, 어미의 마음이랄까
보석의 칠색 같은 웅함임을…

1342칙 일모(日暮) / 어느 곳으로 떠나가는가

본 칙

섭현 선사가 어떤 선승에게 물었다.

"해가 지면 새들이 숲으로 들어갔다가 아침에는 어느 곳으로 떠나가는가?"

선승이 대답하였다.

"저는 일찍이 선을 배운 적도 없습니다."

섭현 선사가 말하였다.

"지옥에 들어가기 쏜살같으리라."

(명교관이 대신 말하였다.

"열쇠와 자물쇠가 화상의 손 가운데 있습니다.")

葉縣 問僧 日暮投林 朝離何處 僧云 某甲 不曾學禪 師云 入地獄如箭射(明教寬 代 鑰匙在和尚手裏)

∞ 대홍은 선사가 이 칙을 들고 말하였다.

　　영산에서의 수기라도 꼭 이만하지는 못하리라. 그 선승은 얼굴을
마주 하고서 이야기를 했는데, 놓친 것이 아깝다.
　　섭현의 노파심이 철저했으나 쓸데없었구나. 이치로써 따지자면
미래 세상이 다하도록 영원히 무간지옥에 떨어질지언정 어찌 세
토막 서까래 밑에 단박에 코를 꿰어 돌아갔다는 무리에 드는 것
같으랴.

　　大洪恩. 拈 雖靈山授記 也未必如斯 這僧 對面相謂 可惜放過 葉縣
老婆心 徹底無用處 以理推之 直敎盡未來劫 永墮無間獄中 何似列在
三條椽下 驀鼻牽回

대원 문재현은 이 칙을 모두 들고나서 이르노라.

　"아침에는 어느 곳으로 떠나가는가?" 할 때 "화상이시여, 떠날 곳이나 일러주소서." 했더라면 대단한 섭현 선사라도 은산철벽이었을 것을, 쯧쯧.

1343칙 제여(諸餘) / 오늘 베풀어 설한 것

 본 칙

섭현 선사에게 어떤 선승이 물었다.

"다른 것은 묻지 않겠거니와 어떤 것이 오늘 베풀어 설한 것입니까?"

섭현 선사가 대답하였다.

"너 따위, 눈먼 나귀 같은 놈도 있구나."

선승이 다시 물었다.

"그러한 즉 북을 치고 비파를 농한 것이겠습니다."

섭현 선사가 말하였다.

"밥통을 눌러서 방귀를 터뜨리는 소릴세."

葉縣 因僧問 諸餘 卽不問 如何是今日施設 師云 有你瞎驢漢在 僧云 恁麽則打皷弄琵琶 師云 捺胃放屁聲

∽ 운봉열 선사가 말하였다.

　그런즉 한 때 기세에 의하여 사람을 속이는 것이니 일이 홀로 일어나지 않음을 어찌하랴. 섭현 노인이 한쪽 눈을 잃었도다.
　누군가가 점검해 내겠는가? 만일 점검해 내면 운봉이 그와 자리를 나누어 앉겠지만 만일 점검해 내지 못한다면
　(잠잠히 있다가)
　막야검을 비껴든 바른 법령 온전히 해서, 어리석고 완고함을 베어 천하를 태평케 하리라.

　雲峰悅 云 然則一期倚勢欺人 而奈事不孤起 葉縣老人 失却一隻眼
還有人 點檢得麼 你若點檢得出 雲峰 分半座與你 若點檢不得 良久
云 橫按鏌鎁全正令 大平寰宇斬癡頑

대원 문재현은 이 칙을 모두 들고나서 이르노라.

(섭현 선사의 공안에 이어 운봉열 선사의 말까지 모두 듣고 말하기를)

섭현 선사가 한쪽 눈을 잃은 것이 아니라 끝까지 다하지를 못했을 뿐이다.

당시에 이 사람이라면 "다른 것은 묻지 않겠거니와 어떤 것이 오늘 베풀어 설한 것입니까?" 할 때 "그대가 들어올 때 앉아 있었고, 또 그대와 이렇게 말하니라." 하고 "그러한 즉 북을 치고 비파를 농한 것이겠습니다." 할 때 "북을 치고 비파를 농하는 이는 그따위 말을 지껄이고 다니지 않느니라." 했으리라.

험!

1344칙 거좌(據座) / 주장자를 꺾어 땅에 던지다

 본 칙

섭현 선사에게 이문화 도위가 와서 곡은·석상·섭현 세 존숙에
게 설법을 청하였다. 섭현 선사가 마지막으로 자리에 오르자마자
주장자를 잡아 무릎에다 대고 꺾어서 땅에 던지고는 곧장 내려오
거늘 문화가 말하였다.

"늙은 작가의 수단이 역시 특별하군요."

섭현 선사가 말하였다.

"도위도 허물이 없지 않느니라."

葉縣 因李文和都尉 請谷隱石霜與師三尊宿陞座 末後 師纔據座 取
柱杖 就膝拗折擲地 便下座 文和公曰 老作家手段 終是別 師云 都尉
也不得無過

∽ 개암붕 선사가 이 칙을 들고 말하였다.

좋다! 선덕들이여! 섭현 선사는 칼날 위의 일을 분명하게 알고 썼으니 망설이면 아무런 교섭할 길이 없느니라. 문화는 법을 가리는 안목을 갖추었으니, 들어 보이자마자 곧 귀결처를 알았다.

두 노인이 마음으로 서로 알고, 도로써 보는 가풍은 없지 않으나 임제의 종지는 꿈에도 보지 못했다. 감히 여러분께 묻노니, 어떤 것이 임제의 종지인가?

(주장자를 한 번 내리치다.)

介庵朋 擧此話云 好 諸禪德 葉縣 省用釰刃上事 擬議則沒交涉 文和公 具擇法眼 擧起便知落處 二老漢 以心相知 以道相見 卽不無 若是臨濟宗旨則未夢見在 敢問諸人 且作麽生是臨濟宗旨 以柱杖卓一下

대원 문재현은 이 칙을 모두 들고나서 이르노라.

섭현 선사여, 주장자를 꺾어 던지고 내려옴을 어떤 데에서 썼기
에… 쯧쯧.
"도위도 허물이 없지 않느니라."라는 말을 하지 말고 할을 했어야
했다.

1345칙 보산(寶山) / 보배산에 갔다가 맨손으로 돌아올 때

 본 칙

여주 광혜 원연 선사가 염 화상에게 물었다.

"학인이 몸소 보배산에 갔다가 맨손으로 돌아올 때가 어떠합니까?"

염 화상이 말하였다.

"집집마다 문 앞에 불을 들었다."

광혜 선사가 당장에 크게 깨닫고 말하였다.

"제가 천하 노화상들의 혀끝을 의심치 않겠습니다."

염 화상이 말하였다.

"그대가 깨달은 곳이 어떤가? 나에게 말해보라."

광혜 선사가 대답하였다.

"다만 이것은 땅 위의 물, 산꼭대기 모래[19]입니다."

"그대가 깨달았도다."

---

19) 산꼭대기 모래는 원문에 '강사(磵沙)'라고 되어 있다. 오등회원에 '汝會處作麼生 與
我說來看 師曰 祇是地上水磵砂也'라고 되어 있으니, 원문의 '磵沙'가 오등회원에서
는 '磵砂'로 기록되어 있다.

광혜 선사는 곧장 절을 하였다.

汝州廣慧元璉禪師 問念和尙 學人 親到寶山 空手回時如何 念云 家
家門前 把火子 師於言下 大悟云 某甲 不疑天下老和尙舌頭也 念曰
汝會處作麼生 與我說來看 曰 只是地上水碾沙也 念曰 汝會也 師便
禮拜

～ 운문고 선사가 이 칙을 들고 말하였다.

그대 말해보라. 염 화상이 광혜를 긍정했던가? 만일 그를 긍정했다면 왜 한 방망이 때리지 않았던가? 만일 긍정치 않는다면 왜 또한 방망이 때리지 않았던가? 누군가가 이것을 가려 알았다고 하면 묘희는 그에게도 한 방망이 주리라.

雲門杲 拈 你道 念和尙 還肯佗廣慧也無 若道肯佗 何故不與一棒 若道不肯佗 何故不與一棒 有人於此 道得 妙喜 與你一棒

대원 문재현은 이 칙을 모두 들고나서 이르노라.

　좋은 방편에 성과가 없지는 않았으나 "다만 이것은 땅 위의 물, 산꼭대기 모래입니다." 할 때 한 번 더 이끌어 주었으면 금상첨화였을 것을. 그 점이 부족해서 운문 선사가 하는 말이 있게 되었구나.
　여러분이라면 어떻게 한 번 더 이끌어 주겠는가?
　(잠잠히 있다가)
　험!
　(자리에서 내리다.)

1346칙 죽간(竹竿) / 대 장대 끝에 붉은 깃발이 빛나 느니라

 본 칙

광혜(廣慧) 선사에게 어떤 선승이 물었다.
"어떤 것이 조사께서 서쪽에서 오신 뜻입니까?"
광혜 선사가 대답하였다.
"대 장대 끝에 붉은 깃발이 빛나느니라."

廣慧因僧問 如何是西來意 師云 竹竿頭上耀紅旗

∽ 숭승공 선사 송

대 장대 끝에 붉은 기가 빛난다 함이여
앞서 들어 보이고 뒤따라 들어 보여 다투어 이끄노라
눈〔眼〕 속의 진주, 손 안의 옥이여
천 년 묵은 소나무의 찬 가지로세

崇勝珙 頌
竹竿頭上耀紅旗
前擁爭延後擁隨
眼裏眞珠手裏玉
千年松遶歲寒枝

대원 문재현은 이 칙을 모두 들고나서 이르노라.

누각 위 재상은 푸른 버들 노래하고
꾀꼬리는 가지에서 걸맞게 화답하며
누각 밑 못 속 경치 그 또한 절경일세

1347칙 답착(踏着) / 저울추를 밟으니 무쇠같이 굳다

본 칙

양주 석문산 온총 자조 대사에게 어떤 선승이 물었다.
"어떤 것이 옛 부처의 마음입니까?"
석문 선사가 대답하였다.
"저울추를 밟으니, 무쇠같이 굳다."
선승이 다시 물었다.
"끝내 어떠합니까?"
석문 선사가 대답하였다.
"내일 너에게 말해주리라."

襄州石門山蘊聰慈照大師 因僧問 如何是古佛心 師云 踏着秤鎚硬
似鐵 云畢竟如何 師云 明日向你道

∾ 운봉열 선사 송

저울추를 밟으니 무쇠같이 굳다 함이여
어리석은 납자, 언뜻 보지도 못하누나
삼동(三冬)의 산마루 붉타는 구름 솟구치고
유월의 긴 하늘에 큰 눈이 내린다

雲峯悅 頌
踏着秤鎚硬似鐵
矇瞳禪和猶未瞥
三冬嶺上火雲生
六月長天降大雪

∽ 죽암규 선사 송

저울추를 밟으니 무쇠같이 굳다 함이여
벙어리가 꿈을 꾼 것, 누구에게 말하랴
눈을 떴다 해도 여전히 베갯머리의 것이니
눈 밝은 납자여, 떠들지 말아라

竹庵珪 頌
踏着秤鎚硬似鐵
啞子得夢向誰說
眼開依舊枕頭邊
明眼衲僧莫饒舌

∽ 앙산위 선사가 이 칙을 들고 말하였다.

앙산은 그렇게 하지 않으리라. 저울 추를 밟으니, 알 수 없어서,
거북이도 아니요 자라도 아니로다.
누군가가 큰 활용을 얻으면 돌사람의 뇌가 찢어지리.

仰山偉 擧此話云 仰山 卽不然 踏着秤鎚難辨別 不是烏龜不是鼈 若
人 得大用 石人 湏腦裂

대원 문재현은 이 칙을 모두 들고나서 이르노라.

"어떤 것이 옛 부처의 마음입니까?"라고 한 것에 대해 송하노라.

보성에는 녹차가 유명하고
금산에는 인삼이 유명하며
이천은 쌀로서 유명하네

"끝내 어떠합니까?"라고 한 것에 대해 송하노라.

북에는 백두산이 명산이고
중부엔 태백산이 명산이며
남에는 한라산이 명산일세

1348칙 십오일(十五日) / 십오일

 본 칙

석문 선사가 말하였다.

"십오일 이전에는 모든 부처님들이 나시고, 십오일 이후에는 모든 부처님들이 멸하신다.

십오일 이전에는 모든 부처님들이 나신다 했으니 그대들은 나의 이 경지를 여의지 말라. 만일 나의 이 경지를 여의면 나에게 갈고리가 있으니 그대들을 낚을 것이요, 십오일 이후에는 모든 부처님들이 멸한다 했으니, 그대들은 나의 이 경지에도 머무르지 말라. 만일 나의 이 경지에라도 머무르면 나에게 송곳이 있으니, 그대들을 찌르리라. 말해보라. 십오일에 당하여서는 갈고리를 써야겠는가, 송곳을 써야겠는가?"

(송하기를)

십오일에 당하여는
갈고리도 송곳도 일시에 쉰다
다시 어떠한가 하고 물으면

머리를 돌리니 해가 또 돋는구나 하리

石門 云 十五日已前 諸佛生 十五日已後 諸佛滅 十五日已前 諸佛
生 你不得離我這裏 若離我這裏 我有鉤鉤你 十五日已後 諸佛滅 你
不得住我這裏 若住我這裏 我有錐錐你 且道 正當十五日 用鉤卽是
用錐卽是 遂有頌云

正當十五日

鉤錐一時息

更擬問如何

回頭日又出

∽ 지해청 선사가 이 칙을 들고 말하였다.

여러 선덕들아, 옛 성인의 뜻이 무엇이던가? 알겠는가?
하늘은 높고 땅은 두텁다.
모두가 손바닥 가운데에 있음이요,
해는 따뜻하고 달은 차갑다.
구경에 발밑을 여의지 않음이다.
그러므로 부처님들이 이전이나 이후에 난다거나 멸한다 함이 모
두가 잠꼬대요, 옛 성인들의 머무른다거나 여읜다는 말과 갈고리와
송곳이라는 말도 역시 군소리이다. 비록 그렇다 하나 바로 십오일
에 당하여서는 또 어찌하려는가?"
(말없이 보이고)
세 발 가진 기린이 바닷속으로 들어가고, 조각달이 파도에서 나
와 하늘에 있다.

智海淸 擧此話云 諸禪德 古聖意作麼生 還會麼 天高地厚 都來祗在
掌中 日暖月凉 究竟不離脚下 所以 諸佛 於前於後生滅 皆是夢言 古
聖有住有離鉤錐 並爲增語 然雖如是 正當十五日 又作麼生 良久云
三足麒麟 入海心 空留片月波中出

꙰ 운문고 선사가 이 칙을 들고 말하였다.

삼현 삼요를 널리 베풀어 임제의 바른 종을 세우는 것은 모름지기 이런 사람이어야 한다. 비록 그러나 운문은 그렇게 하지 않으리니, 십오일 이전에도 모든 부처님들은 본래 남이 없고, 십오일 이후에도 모든 부처님들은 본래 멸함이 없다.

십오일 이전에 그대들이 나의 이 경지를 여의더라도 나는 그대들을 갈고리로 낚지 않고 주장자를 비껴메고 짚신 끈을 굳게 매는 것을 그대의 뜻에 맡길 것이요, 십오일 이후에 그대가 만일 이 경지에 머물더라도 나는 송곳으로 찌르지 않고 그대의 뜻대로 주장자를 꺾고 걸망을 높이 달아매게 두리라.

말해보라. 바로 십오일에 당하여 어찌해야 되겠는가?

십오일 이전의 갈고리와 십오일 이후의 송곳은 그대들에게 헛된 것이다. 오늘 아침이 바로 십오일이니, 갈고리와 송곳을 쓰는 것이 좋겠다. 어떻게 써야 되겠는가?

길에서 죽은 뱀을 만나면 죽이지 않고, 밑 없는 광주리에 담아가지고 돌아간다.

雲門杲 擧此話云 恢張三玄三要 扶竪臨濟正宗 須是恁麼人 始得 雖然如是 雲門 卽不然 十五日已前 諸佛 本不曾生 十五日已後 諸佛

本不曾滅　十五日已前　你若離我這裏　我也不用鉤鉤你　一任橫擔柱杖
緊帕草鞋　十五日已後　你若住我這裏　我也不用錐錐你　一任拗折柱杖
高掛鉢囊　且道　正當十五日　合作麼生　乃云　十五日前後鉤錐　徒爾爲
今朝是十五　正好用鉤錐　作麼生用　路逢死蛇莫打殺　無底籃子盛將歸

대원 문재현은 이 칙을 모두 들고나서 이르노라.

석문·지해·운문 선사 모두가 물속의 달 노래나 부른 이들일세.
(크게 세 번을 웃고 나가다.)

1349칙 연궁(年窮) / 해가 다하고, 광음이 다할 때

 본 칙

석문 선사에게 어떤 선승이 물었다.

"해가 다하고, 광음이 다할 때가 어떠합니까?"

석문 선사가 대답하였다.

"동쪽 마을의 왕노인이 밤중에 종이돈을 태우느니라."[20]

石門 因僧問 年窮歲盡時如何 師云 東村王老夜燒錢

---

20) 원문의 소전(燒錢)은 사람이 죽으면 초하루나 십오일 밤에 십자 네거리에서 종이
돈을 태워주는 것을 말한다.

∽ 개암붕 선사 송

동쪽 마을의 왕 노인이 밤중에 돈을 태운다 함이여
불 속의 거북이가 하늘까지 치솟는다
대비보살 천 개의 눈으로도 꿰뚫어 볼 수 없음이여
치솟는 연기가 비와 합하여 산 앞을 지나간다

介庵朋 頌
東村王老夜燒錢
火裏烏龜出洞天
千眼大悲看不透
衝煙和雨過山前

∽ 공수 화상 송

눈앞에 딴 길이 없으니
손 닿는 대로 모나게도 둥글게도 자른다네
눈썹은 눈 위에 가로로 있고
콧구멍은 머리에 매달려 있다

(이 기록은 선승이 동산초 선사에게 "생사의 바다에서 무엇으로
나루터를 삼습니까?" 하니, 동산 선사가 "해가 다하여도 종이돈을
태우지 않느니라." 한 것을 기록한 것이다.)

空叟和尙 頌
目前無異路
信手斫方圓
眉毛橫眼上
鼻孔大頭懸
(此錄 幷擧僧問洞山初和尙 生死海中以何爲津梁 初云 年盡不燒錢)

대원 문재현은 이 칙을 모두 들고나서 이르노라.

　당시에 이 사람이었다면 "해가 다하고 광음이 다할 때가 어떠합
니까?" 할 때 "내 머리는 희끗희끗한데 그대 머리는 새까맣구려."
했을 것이다.

1350칙 양착(兩錯) / 틀렸다

 본 칙

상주 천평산 종의 선사가 행각할 때에 서원에 방부를 들이고, 항상 혼잣말로 말하였다.

"불법을 알았다는 말을 말라. 들어 말할 수 있는 사람을 찾아도 없더라."

어느 날 서원 선사가 멀리서 보고 불렀다.

"종의여."

천평이 고개를 들자 서원 선사가 말하였다.

"틀렸다."

천평이 두세 걸음 걸어나가니, 서원 선사가 다시 말하였다.

"틀렸다."

천평이 그의 앞으로 가까이 갔더니, 서원 선사가 말하였다.

"아까의 두 틀림이 서원의 틀림인가, 그대의 틀림인가?"

천평이 대답하였다.

"저의 틀림입니다."

서원 선사가 다시 말하였다.

"틀렸다."

천평이 그만두거늘 서원 선사가 말하였다.

"여기에서 여름을 같이 지내면서 함께 이 두 틀렸다는 것을 헤아려보자."

천평이 바로 떠나버렸다.

천평 선사가 다른 곳에 머무르게 된 후 대중에게 말하였다.

"내가 처음 행각을 할 때에 바람에 불려서 사명 장로에게 갔는데, 연거푸 두 차례 '틀렸다.'라고 하였다. 다시 나에게 '여름을 같이 지내면서 함께 헤아려보자.'라고 하였지만 내가 아무 말도 하지 않았다. 그럴 때에 잘못 출발하여 남방으로 갈 때에야 일찍이 '틀렸다.'라고 이른 바를 알았느니라."

相州天平山從漪禪師 行脚時 叅西院 居常 自云 莫道會佛法 覓箇擧
話人也無 一日 西院 遙見 召云 從漪 師擧頭 院云 錯 師行三兩步
院 又云 錯 師近前 院云 適來這兩錯 是西院錯 是上座錯 師云 從漪
錯 院云 錯 師休去 院云 且在這裏過夏 待共上座商量這兩錯 師當時
便行 住後 謂衆云 我當初行脚時 被風吹 到思明長老處 連下兩錯 更
留我過夏 待共我商量 我不道 恁麼時 錯發足南方去時 早知道錯了也

∽ 설두현 선사 송

선객들이 경박한 짓을 즐기어
배불리 참문했으나 쓸 곳이 없다
우습고도 슬프구나, 천평 노장님이여
당초에 행각마저도 틀렸다고 했으나
틀렸다, 틀렸다
서원의 맑은 바람이 단박에 녹여 없앴네

(다시 말하기를)
  갑자기 어떤 선승이 나서서 말하기를 "틀렸다."라고 한다면 "설두
의 틀림이 천평의 틀림과 어떠한가?" 하리라.

雪竇顯 頌
禪家流愛輕薄
滿肚叅來用不着
堪悲堪笑天平老
却謂當初悔行脚
錯錯 西院淸風 頓消鑠
復云 忽有介衲僧 出云 錯 雪竇錯 何似天平錯

∽ 원오근 선사 송

닻줄을 매고 배를 띄우려 하고
기러기 발을 아교로 붙이고 줄을 고르려 함일세[21]
먼 곳의 물은 가까운 곳의 불을 못 끄고
두레박줄이 짧으니 어찌 깊은 샘물을 긷겠는가
천평 노인이 몹시 성급해서
두 차례 틀렸다 함에 행각마저 뉘우쳐
천하 사람들을 근심케 하였으니
눈 속에 힘줄이 없으면 일평생 가난일세

圓悟勤 頌
把纜放船　　　　膠柱調絃
遠水不救近火　　短綆那汲深泉
天平老大忩草　　爲兩錯悔行脚
大地茫茫愁殺人　眼裏無筋一世貧

---

21) 원문의 주(柱)는 기러기발, 즉 안족(雁足)을 말한다. 기러기발은 거문고, 가야금, 아
   쟁 따위의 줄을 고르는 기구이다. 단단한 나무로 기러기의 발 모양과 비슷하게 만
   들어서 줄의 밑에 괴고, 이것을 위아래로 움직여 줄의 소리를 고른다.

∽ 열재 거사 송

세 차례 틀렸다 함을 나란히 양쪽에 나누니
중간의 한 번은 서로 주고받은 걸세
마음으로 따지고 생각해서 밝히려 하면 모두가 막힘을 이루고
손 닿는 대로 잡아올 때 모두가 어긋남 없네

悅齋居士 頌
三錯平分屬兩家
中間一錯互交叉
將心明去都成滯
信手拈來摠不差

⊙ 수산염 선사가 이 칙을 들고 말하였다.

천평 선사의 이런 견해에 의거하건대 꿈에도 서원을 보지 못했다. 무슨 까닭인가? 말에 있었기 때문이다.

首山念 拈 據天平 作恁麽會解 未夢見西院在 何故 話在

대원 문재현은 이 칙을 모두 들고나서 이르노라.

천평 선사는 그만두고 서원, 설두, 원오, 열재, 수산 선사시여, 여러분께 엽차를 권합니다.

엽차요 엽차.

1351칙 칠요(七凹) / 일곱 오목함과 여덟 볼록함

 본 칙

천평 선사에게 어떤 선승이 물었다.
"어떤 것이 천평입니까?"
천평 선사가 대답하였다.
"일곱 오목함과 여덟 볼록함이니라."

天平 因僧問 如何是天平 師云 七凹八凸

∽ 투자청 선사 송

지금 천평을 점쳐보니 몹시도 높은 분일세
일곱 오목함과 여덟 볼록함을 행할 이 드무네
구름가를 벗어난 토끼, 어디에 있는지 아는가?
지는 해에 주린 매가 부질없이 우는구나

投子靑 頌
今占天平大險生
七凹八凸少人行
雲邊脫兎知何在
落日飢鷹空自鳴

대원 문재현은 이 칙을 모두 들고나서 이르노라.

어떤 이가 내게 와서 "어떤 것이 대원입니까?" 하기에 "대원이
다." 했다.
천평 선사의 대답과 대원의 대답의 도리가 같다 하겠는가, 다르
다 하겠는가?

1352칙 천봉(千峯) / 천 봉우리의 찬 빛이니라

 본 칙

명주 설두산 중현 명각 선사에게 어떤 선승이 물었다.
"어떤 것이 부처님들의 근원입니까?"
설두 선사가 대답하였다.
"천 봉우리의 찬 빛이니라."
다시 물었다.
"초월해서는 초월했다 함마저 없는 일이 있습니까?"
설두 선사가 대답하였다.
"빗방울이 바위꽃에 떨어진다."

明州雪竇山重顯明覺禪師　因僧問　如何是諸佛本源　師云　千峯寒色
進云　向上　還有事也無　師云　雨滴嵓花

∽ 장산전 선사 송

천 봉우리의 찬 빛이라 함과
빗방울이 바위꽃에 떨어진다 함이여
즉석에서 안다 하여도
눈 속의 모래니라
팔·구월 하늘의 서릿바람이요
바람 거센 바닷가의 줄지은 기러기 행렬이니라

蔣山泉 頌
千峯寒色
雨滴嵒花
直下會得
眼裏添沙
獵獵霜天八九月
海門風急雁行斜

⌒ 석불종 선사 송

유두[22] 문 앞에서 근원을 물으니
기틀을 맞아 누가 근원을 가려낼 줄 알랴
천봉우리의 찬 빛이 은하수를 능가하니
눈을 부릅뜨고 자세히 보라

石佛宗 頌
乳竇門前問本源
當機誰解辨來端
千峯寒色凌霄漢
剔起眉毛子細看

---

22) 유두(乳竇) : 설두 선사가 주했던 설두사가 유두봉에 있었다.

∽ 법진일 선사 송

천봉우리의 찬 빛이 차디 차게 푸르고
바위꽃의 빗방울, 눈을 밝게 비추누나
만일에 그 사이의 분명한 뜻 물으면
학의 소릴 꾀꼬리 소리로 여기지 말라 하리

法眞一 頌
千峯寒色冷堆青
雨滴嵓花照眼明
若問介中端的意
休將鶴唳作鸎聲

∽ 무위자 선사 송

천봉우리의 찬 빛이라 한 일이 어떠한가
눈 위에 서리 덮인 얼음장 몹시도 미끄럽다
만약 봉황이 볕을 만나 그에 맞는 가락을 분다면
바위꽃은 봄날의 화창함을 기다릴 것 없으리

無爲子 頌
千峯寒色事如何
雪上加霜凍滑多
若遇雛陽吹暖律
嵒花應不待春和

∽ 석불종 선사가 이 칙을 들고 말하였다.

이 공안은 제방에서 분분하고, 총림에서도 끝이 없다. 혹 말하기를 "눈을 마주 대해서 드날렸다." 하고, 혹은 말하기를 "상대의 물음에 따랐다." 하니, 설두 선사를 보려면 아직 멀었다.

천봉우리의 찬 빛이라 함은 작자라도 미혹하고 "빗방울이 바위꽃에 떨어진다." 함은 그대의 경계가 아니다.

세월은 빨리도 가는데 잘못 아는 이가 많도다. 자고새가 짙은 꽃 속에서 울거늘 여러분은 어느 곳을 더듬는가?

石佛宗 拈 此介公案 諸方 紜紜 叢林 浩浩 或云 對揚底眼 或云 付他問頭 要見雪竇 猶未可 直是千峯寒色 作者猶迷 雨滴嵓花 非君境界 烏飛兎走 錯會者多 鷓鴣啼在深花 諸人 何處摸索

대원 문재현은 이 칙을 모두 들고나서 이르노라.

  설두 선사의 보임을 말뜻에서 찾지 말라. 말뜻에서 찾다가는 억
겁에도 이루지 못한다.
  만약에 지금 내게 어떤 이가 "어떤 것이 부처님들의 근원입니
까?" 하면 "험." 하고 "초월해서는 초월했다 함마저 없는 일이 있
습니까?" 하면 "혹 누가 묻거든 보고 들은 대로만 전하라." 하리라.

1353칙 의출(義出) / 의로움은 풍년에서 나오고

 본 칙

설두 선사가 대중에게 보이고 말하였다.

"의로움은 풍년에서 나오고, 흉년에는 불효가 난다.

납승의 문하에서 방행[23]한 것인가, 파정[24]한 것인가? 누군가가 바로 이르면 노승이 그에게 절을 반 나눠주어 살게 하리라."

雪竇 示衆云 義出豊年 儉生不孝 於衲僧門下 是放行 是把住 若人道得 老僧 分半院與伊住

---

[23] 방행(放行) : 선사가 학인을 응대하여 연마하는 수단의 하나. 상대의 근기에 맡기는 것.

[24] 파정(把定) : 원문의 파주(把住)가 파정이다. 선사가 학인을 제접하는 향상적 수단. 화두로 상대를 잡는 것.

⌒ 원오근 선사가 이 칙을 들고 말하였다.

설두 선사는 병이 많아 약의 성품을 잘 아니, 경험한 효과를 비로소 사람에게 전하였다. 그 가운데에도 풍년·흉년·방행·파정을 아는 이가 있으면 하필 절을 반 나누어 같이 살리오.

향 피우고 축원함은 오직 그에게 빨리 절이 있어 살게 함을 꾀함이니, 그로 하여금 더 맛보게 하여 가난하고 굶주림에 마음 졸이고 지지고 볶는 신세를 면하게 하려 함이다.

圜悟勤 擧此話云 雪竇 病多諳藥性 經効始傳人 箇中 或有知豊知儉 知放行知把住底 亦何必分半院與伊住 燒香發願 只圖他早有箇院子住 使嘗些滋味 且免得窮廝煎餓廝炒

대원 문재현은 이 칙을 모두 들고나서 이르노라.

풍년은 게으름을 이루고 흉년은 부지런함을 이룬다.
설두 선사와 대원의 뜻이 같은가, 다른가? 가려내보라.

1354칙 사중(四衆) / 사부대중이 둘러쌌느니라

 본 칙

설두 선사에게 어떤 선승이 물었다.
"어떤 것이 부처입니까?"
설두 선사가 대답하였다.
"사부대중이 둘러쌌느니라."
또 물었다.
"어떤 것이 열반입니까?"
설두 선사가 다시 말하였다.
"쌍림의 나무 밑이니라."
다시 말하였다.
"못 주둥이, 무쇠 혀를 가진 이라도 끝내 말하거나 아는 것으로는 미칠 수 없다."

雪竇 因僧問 如何是佛 師云 四衆圍遶 又問如何是涅槃 師云 雙林
樹下 復云 便是釘觜鐵舌漢 也卒話會不及

∽ 백운병 선사 송

미친 개는 흙덩이를 쫓고
눈먼 나귀는 무리를 따른다
내가 아는 것은 허락하지만
그대가 안다고 하는 것은 허락할 수 없노라

白雲昺 頌
狂狗逐塊
瞎驢趁隊
祇許我知
不許你會

∽ 백운병 선사가 다시 이 칙을 들고 말하였다.

해오라기가 눈에 섰지만 같은 빛이 아니고, 밝은 달 갈대꽃이 다른 것 아니로세.

又拈 鷺鷥立雪非同色 明月蘆花不似他

대원 문재현은 이 칙을 모두 들고나서 이르노라.

　누군가 나에게 "어떤 것이 부처입니까?"라고 묻는다면 자리를 두
번 치고, 또 "어떤 것이 열반입니까?" 하면 자리를 한 번 치리라.

1355칙 제인(諸人) / 진실하게 위해 주는 것

 본 칙

설두 선사가 대중에게 보이고 말하였다.

"여러분은 진실하게 위해 줌을 알고자 하는가? 다만 위로 우러러 오를 것이 없고 아래도 굽어볼 것이 끊어지면, 자연히 광명이 항상 현전할 것이니 저마다 천 길의 벼랑에 섬이랄까."

雪竇 示衆云 諸人 要知眞實相爲麼 但以上無攀仰 下絶已躬 自然常 光現前 介介壁立千仞

～ 운봉열 선사가 이 칙을 들고 말하였다.

설두 선사가 그렇게 사람을 위하면 쏜살같이 지옥에 들리라.

雲峯悅 拈 雪竇與麼爲人 入地獄如箭射

∽ 심문분 선사가 상당하여 이 칙을 들고 말하였다.

설두 선사의 그런 말이 어린 아기에게 글씨본을 따라 베끼는 것[25]과 같이 가르치는 것은 되겠지만, 갑자기 장전이 나와서 상투 끝을 잡아 먹이 다하도록 별(ノ)과 불(乀)을 그린다면 결정코 그의 혼을 보지 못하리라. 만년(심문분)은 어떤가?

짙은 붉은 분을 얼굴에 칠하고, 온 머리에 진주관을 덮어 써서 미인의 참 모습을 알지 못하게 하고 공연히 사람들에게 소양주[26]를 부르게 한다.

心聞賁 上堂擧此話云 雪竇與麼道 敎小兒順朱 卽得 忽遇張顚 出來把頭髻醮墨 打介ノ乀 定是討精魂不見 萬年 又且如何 濃將紅粉傳了面 滿把眞珠蓋却頭 不識佳人眞面目 空敎人唱小梁州

---

25) 원문의 순주(順朱)는 글자를 쓴 위에 따라 쓰는 것으로 어린 아이가 정석으로 필법을 익히는 방법이다.
26) 소양주(小梁州) : 원나라의 궁중음악.

대원 문재현은 이 칙을 모두 들고나서 이르노라.

　선지식의 방편이기는 하나 구린내를 다하지를 못했다. 대원이 사람을 위함을 보라.
　(말없이 보이고)
　누가 묻거든 본 대로 말하라.

1356칙 위음(威音) / 나에게 제 1구를 돌려보내라

 본 칙

설두 선사가 수어[27]하였다.

"위음왕 부처님 이전에 스승 없이 스스로 깨달았다 해도 제 2구이니, 나에게 제 1구를 돌려보내라."

스스로가 대신 말하였다.

"바탕이라는 것마저도 씻은 듯이 다하였느니라."

雪竇 垂語云 威音王已前 無師自悟 是第二句 還我第一句來 自代云 掃土而盡

---

27) 수어(垂語) : 선문의 종사가 상당하여 학인에게 보이고 가르치는 말.

∽ 보림본 선사가 이 칙을 들고 말하였다.

　좋구나! 여러분이여, 종사의 일언반구마저도 진실로 고금을 빛나게 한다. 비록 그렇다 하나 사람을 억눌러 핍박하여 없는 일을 있는 일로 만들었다.

　산승의 여기에도 있기는 하나 다만 기특한 사람을 만나기 어려울 뿐이다. 오늘, 눈썹을 아끼지 않고 여러분에게 읊어 보이리라.

　쌍림의 제일구
　평상시라 드러낼 것도 없건만
　선타객이 아닌 그대를 위해
　들어 말하지 않을 수 없구나

　(말없이 보이고)
　들기는 들었으나 말해보라! 누가 아는가? 만일 모르거든 절대 잘못 말하지 말라.

　寶林本 擧此話云 好諸仁者 宗師一言半句 誠謂耀古騰今 雖然如是 抑逼於人 他且會將無作有 山僧 這裏 也有 祗是罕遇奇人 今日 不惜 眉毛 與你諸人頌出

雙林第一句
尋常不吐露
爲你不仙陁
不免爲君擧
良久云 擧卽擧了也 且道 什麽人 委悉 若也未會 切不得錯下名言

대원 문재현은 이 칙을 모두 들고나서 이르노라.

위음 이전이니 이후니 함이여
파도가 일어나니 거품 희고
구름 속 번갯불이 붉고 붉네
험!

1357칙 견일즉(見一則) / 하나라도 보았다 하면

 본 칙

설두 선사가 대중에게 보이고 말하였다.

"하나라도 보았다 하면 그대의 눈이 먼 것이요, 하나라도 알았다 하면 그대의 눈을 가린 것이다.

눈이 가리운 즉 천상과 인간이요, 눈이 먼 즉 세 머리, 여섯 팔이 니라.

만일 가려내면 그대가 십자 네거리를 종횡하도록 허락하리라."

雪竇 示衆云 見一則瞎汝眼 知一則瞖汝眼 瞖生則天上人間 瞎却則三頭六臂 或若辨得 許爾十字縱橫

◌ 원통수 선사가 이 칙을 들고 말하였다.

눈이 가리워졌다면 어째서 천상과 인간이며, 눈이 멀었다면 어째서 세 머리, 여섯 팔이 되리오.

산승은 그렇게 하지 않으리니, 눈이 가리워졌다면 긴 평상에서 다리를 뻗고 잠을 자면서 전혀 도를 생각에 두지 않을 것이요, 눈이 멀었다면 아침에 삼천 리를 달리고 저녁에 팔백 리를 다니리라.

말해보라. 얻고 잃음이 있는가?

(잠잠히 있다가)

가히 예의를 안다.

圓通秀 擧此話云 旣是瞖生 爲什麽天上人間 旣是瞎却 爲什麽三頭六臂 山僧則不然 瞖生則長連床上 伸脚打睡 都莫以道爲懷 瞎却則朝走三千 暮行八百 且道 還有得失也無 良久云 可知禮也

대원 문재현은 이 칙을 모두 들고나서 이르노라.

설두 선사시여, 옳기는 옳으나 대중에게 말없이 보이고 조용히
내렸어야 했소.

험!

1358칙 절정(絶頂) / 높음은 절정에만 있는 것이 아니요

 본 칙

담주 운개산 계붕 선사가 대중에게 보이고 말하였다.

"높음은 절정에만 있는 것이 아니요, 부함은 복엄에만 있는 것이 아니며, 즐거움은 천당에만 있는 것이 아니요, 괴로움은 지옥에만 있는 것이 아니다."

(잠잠히 있다가)

"안다는 이가 천하에 가득하나 지음자가 몇이던가."

潭州雲盖山繼鵬禪師 示衆云 高不在絶頂 富不在福嚴 樂不在天堂 苦不在地獄 良久云 相識 滿天下 知心 能幾人

꘎ 운문고 선사가 이 칙을 들고 말하였다.

경산은 그렇게 하지 않으리니, 높음은 절정에 있고, 부함은 복엄
에 있고, 즐거움은 천당에 있고, 괴로움은 지옥에 있다.
누가 알랴? 석모[28] 밑이 원래 옛날부터 근심하던 사람임을…."
(이 기록은 도오 선사라고 하였다.)

雲門杲 擧此話云 徑山 卽不然 高在絶頂 富在福嚴 樂在天堂 苦在
地獄 誰知席帽下 元是昔愁人(此錄云 道吾)

---

28) 석모(席帽) : 삿갓 같은 모양으로 생긴 모자.

༇ 공수 화상이 상당하여 이 칙을 들고, 이어 대혜 선사가 이 칙을 들어 말한 것을 들고 말하였다.

이 두 노인이 하나는 말뚝을 박고 노를 저으려 했고, 하나는 닻줄을 매고 배를 띄우려 했다.

보수는 그렇게 하지 않으리니,

"높음도 없고, 낮음도 없고, 부함도 없고, 가난함도 없다. 천당과 지옥과 괴로움과 즐거움이 모두가 균등하다."라고 할 것이나, 오늘의 일을 밝혔다고 하면 본래의 사람을 매한 것이다.

空叟和尚 上堂擧此話 連擧大慧拈 師云 二大老 一人 釘椿搖櫓 一人 把纜放舡 保壽 卽不然 也無高也無低 也無富也無貧 天堂地獄苦樂 皆均 要明今日事 昧却本來人

대원 문재현은 이 칙을 모두 들고나서 이르노라.

　대원은 그렇게 하지 않으리라. 말없이 잠잠히 있다가 "어떤가?"
하고 "차를 들라." 했으리라.

1359칙 산승(山僧) / 마치지 못한 공안

🪷 본 칙

금릉 청량 태흠 법등 선사가 개당하는 날, 대중에게 말하였다.

"산승이 본래 바위굴 속에 들어앉으려 했는데 다시 청량 노인이 마치지 못한 공안이 있으니 오늘 나와서 여러분께 설해주라 하였다."

이때, 어떤 선승이 물었다.

"어떤 것이 마치지 못한 공안입니까?"

청량 선사가 때리면서 말하였다.

"조상이 마치지 못해서 재앙이 자손에게 미쳤도다."

선승이 다시 물었다.

"허물이 어디에 있습니까?"

청량 선사가 대답하였다.

"허물은 나에게 있고 재앙은 그대에게 미쳤느니라."

金陵淸凉泰欽法燈禪師 開堂謂衆曰 山僧 本欲跧捿嵓竇 又緣淸凉

老人 有不了底公案 今日出來 爲他分析 時有僧 問 如何是不了底公
案 師便打云 祖禰不了 殃及兒孫 僧云 過在什麼處 師云 過在我殃及
你

〰 대우지 선사가 이 칙을 들고 말하였다.

대중을 위해 힘을 다했으나 자기 집안에서 재앙이 나왔구나.

大愚芝 拈 爲衆竭力 禍出私門

◇ 운봉열 선사가 이 칙을 들고 말하였다.

그 노장이 한 때 주었다 빼앗았다 한 것이 마치 전무후무한 듯하
더니 다그침에 이르러서 도리어 용두사미가 되었도다.
지금, 청량산의 주인이 되어줄 이는 없는가?

雲峰悅 拈 這漢一期與奪 也似光前絶後 及乎拶着 又却龍頭蛇尾 如
今 莫有爲淸涼作主底麼

∽ 천동각 선사가 이 칙을 들고 말하였다.

  그 선승이 만일 이런 이여서 나와서 얼른 선상을 흔들어 쓰러뜨렸다면 자기가 살아날 길이 있었을 뿐만 아니라 조상이 마치지 못해 재앙이 자손에까지 미치는 꼴을 면했을 것이다.

  天童覺 拈 這僧 若是箇漢 出來便與掀倒禪床 不唯自己有出身之路
亦免見祖禰不了 殃及兒孫

대원 문재현은 이 칙을 모두 들고나서 이르노라.

참으로 평지에 풍파라는 말이 있더니 이를 두고 하는 말이로다.

사람의 머리는 세로로 위에 있고
네 발 짐승 머리는 가로로 있지만
눈 모양은 모두 다 한 가지 형태니라

1360칙 구자(鳩子) / 비둘기 소리

본 칙

 금릉 보자 현각 도사가 비둘기 소리를 듣고 어떤 선승에게 물었다.
"이게 무슨 소리인가?"
 선승이 대답하였다.
"비둘기 소리입니다."
 현각 선사가 말하였다.
"무간지옥의 업을 짓지 않으려면 여래의 바른 법륜을 비방하지 말라."

 金陵報慈玄覺導師 聞鳩子鳴 乃問僧 是什麼聲 云 鵓鳩聲 師云 欲得不招無間業 莫謗如來正法輪

ⓒ 숭승공 선사 송

비둘기 소리라고 말하자마자
여래의 법륜 비방치 말라 함이여
안회[29]는 덕행으로도 시골에서 궁하게 살았고
공자[30]는 문장가였지만 진에서 죽었다
진에서 죽었다 함이여
밤에 다니는 사람이라면 누가 의심 없는 사람이랴
화창한 봄기운, 땅을 가리지 않아서
자연히 바다 끝에서도 만나는 봄이로세

崇勝珙 頌

鵓鳩之聲纔一伸   莫謗如來正法輪
顏回德行窮居巷   夫子文章厄在陳
厄在陳   夜行誰是不疑人
但得陽和不擇地   自然海角亦逢春

---

29) 안회(顏回) : 공자가 가장 사랑하는 제자로 덕이 높았으나 가난해서 일찍이 요절했
   다. 집에 돗자리 하나 발우 하나뿐이었다고 한다. 안회는 첫째 화를 내지 않았고,
   둘째 같은 잘못을 두 번 되풀이하지 않았다고 한다.
30) 공자 : 원문의 부자(夫子)는 공자이다. 공자를 가리켜서 부자(夫子), 또는 공부자
   (孔夫子)라고도 칭한다.

⌒ 동선제 선사가 이 칙을 들고 말하였다.

상좌가 비둘기 소리라 했는데 법을 비방한다 하였다. 어디가 비방한 곳인가? 만일 비둘기 소리가 아니라고 하면 되겠는가?
상좌는 말해보라. 현각 선사의 뜻이 무엇인가?

東禪齊 拈 上座道是鳩子聲 便成謗法 什麼處是謗處 若道不是 還得麼 上座 且道 玄覺意作麼生

대원 문재현은 이 칙을 모두 들고나서 이르노라.

　가령 현각 선사가 부처님께 "이게 무슨 소리입니까?" 했을 때 부처님께서 "비둘기 소리다."라고 하셨다면 뭐라 해야겠는가?
　만약 본 공안의 선승에게 하듯 "무간지옥의 업을 짓지 않으려면 여래의 바른 법륜을 비방하지 말라." 한다면 서른 방망이도 많다 할 수 없을 것이다.
　어째서인가? 가려내보라.

1361칙 정생(情生) / 정이 나기 전엔 어떠합니까?

 본 칙

보자 선사에게 어떤 선승이 물었다.

"정(情)이 나면 지혜가 막히니 생각으로 변하여 체성과 달라졌다 하는데, 정이 나기 전엔 어떠합니까?"

보자 선사가 대답하였다.

"막혔구나."

선승이 다시 물었다.

"정이 나지도 않은 때인데 무엇이 막힙니까?"

보자 선사가 대답하였다.

"이 뱃사공이 아직 사람을 만나지 못했구나."[31]

報慈 因僧問 情生智隔 想變體殊 情未生時如何 師云 隔 僧曰 只如 情未生時 隔介什麼 師云 梢子 你未遇人在

---

31) 오등회원 권13을 보면 '師曰 這箇梢郎子未遇人在'라고 되어 있다. 설봉본은 '師云 梢子 你未遇人在'라고 되어 있다. 여기에서는, 이 두 본을 참고하여 법리에 따라 번역하였다.

◎ 천의회 선사 송

옛 사람의 '막혔구나' 함이여
납자의 명맥일세
하나로 꿴을 알고픈가
두 개 오백이니라

天衣懷 頌
古人一隔
衲僧命脈
欲識一貫
兩箇五百

∽ 해인신 선사 송

연운잔각을 태우고
무쇠 같은 관문들을 부순다
만일 한신이 아니었다면
어려운 일이로다, 어려운 일이로다
그대 보지 못했는가
큰 붕새가 날개를 펴서 십주를 덮는데
창에 부딪치는 날파리가 공연히 울어댄다
사람들에게 유마 노인을 생각게 하니
천상과 인간에서 짝할 이 없구나

海印信 頌
燒却連雲棧閣　　打破似鐵散關
若非韓信　　大難大難
君不見　　大鵬展翼盖十洲
投窓之物空啾啾　　令人却憶維摩老
天上人間莫可儔

∽ 정엄수 선사 송

강남의 거룻배³²⁾와 해남의 당도리³³⁾의
돛을 매고 키 잡으면 곡조와 박자를 알아야 한다
파도나 따르고 물결이나 쫓기 언제나 쉬려나
손 놓고 집에 이르르니 이미 백발일세

淨嚴遂 頌
江南舡海南舶
把柂張帆知節拍
隨波逐浪幾時休
撒手到家頭已白

---

32) 거룻배 : 돛 없는 작은 배.
33) 당도리 : 바다로 다니는 큰 나룻배.

∽ 지덕 선사 송

막혔구나 함이여
푸른 하늘, 구름도 없는데 벼락 천둥 친다
총림의 납자가 벼와 삼대 같은데
그 중에서 몇이나 선타객이던가

智德 頌
隔
青天無雲轟霹靂
叢林衲子如稻麻
不知幾介仙陁客

∽ 무위자 선사 송

정이 나기 전이라 할 때 '막혔구나' 함이여
금털사자도 모두 빛을 잃누나
여우와 삵, 문 밖에서 종횡으로 달린다 하면서
총림의 늙은 선객을 매우 웃기네

無爲子 頌
情未生時隔
金毛多失色
狐狸門外走縱橫
笑殺叢林老禪客

⤺ 낭야각 선사가 말하였다.

  보자 선사가 진흙에 들고 물에 든 것은 무방하나, 납승의 문하로
서는 멀고도 머니라.

  瑯瑘覺 云 報慈 不妨入泥入水 據衲僧門下 遠之遠矣

대원 문재현은 이 칙을 모두 들고나서 이르노라.

'막혔구나'에 그간 몇이 떨어졌나
선승이여, 보자를 보긴 봤나?
노을빛에 뛴 고기 금빛일세

1362칙 천불(天不) / 하늘이 덮지 못하고 땅이 싣지 못한다

 본 칙

천태산 덕소 국사가 대중에 있을 때에 용아 선사에게 물었다.

"하늘이 덮지 못하고, 땅이 싣지 못한다 하니, 이 이치가 어떠합니까?"

용아 선사가 대답하였다.

"도자³⁴⁾도 응당 이러-하니라."

덕소가 말하였다.

"다시 일러 주십시오."

용아 선사가 대답하였다.

"그대가 다음 날 스스로 알게 될 것이니라."

그러나 덕소는 이 뜻을 깨닫지 못하고 바로 떠나 임천 정혜의 법석에 이르러 유유자적하며, 제방을 널리 다녔으므로 참문하기를 쉬고 그저 대중을 따르고 있었다.

어느 날 어떤 선승이 조실에 들어왔는데 정혜가 그 선승에게 열

---

34) 도자(道者) : ① 득도한 사람. ② 불도를 닦는 사람. ③ 도교를 닦는 사람.

어 보이는 것을 듣자 홀연히 깨달았다.

　天台山德韶國師 在衆時 問龍牙云 天不能盖 地不能載 此理如何 牙
云 道者合如是 師云 再乞垂示 牙云 子向後自會去在 師不諭其旨 尋
遊臨川至淨慧法席 以徧涉諸方 倦於叅問 但隨衆而已 一日 因僧入室
次 淨慧開示其僧 師聞之 忽然省悟

∽ 지해청 선사 송

하늘이 덮지 못하고, 땅이 싣지 못한다 함이여

허공마저 찢어버리고, 위세 등등하여 상대가 끊겼어라

한산은 비를 놓고 풍간을 찾고

보화는 방울을 흔들면서 포대를 찾는다

현묘함을 참구하는 이여, 모름지기 비장한 생각을 내라

이 일은 원래부터 너무나 밝다

용아는 침끝 위에서 온몸을 드러냈거늘

단구[35]의 도자는 여전히 의심했네

지쳐서 대중 따라 임천으로 내려갈 때

제방을 헤아리며 돌아다닌 까닭에 마음이 이미 피로했네

마음이 이미 피로했네

가리워진 사이로 홀연히 상쾌히 깨달음에

황제가 내린 증표[36]마저 다하여 홀로 돌아옴이여

소공[37]은 선우[38]에게 예하지 않았네

---

35) 단구(丹丘) : 신선이 산다는 곳. 주야로 늘 밝은 나라.

36) 원문의 절모(節毛)는 절장(節杖)이라고도 하는데, 황제에게 전권을 위임받았다는 것을 증명하는 대나무나 나무로 만든 지팡이 모양의 증표이다.

37) 소공(蘇公) : 소무(蘇武)를 말한다. 소무는 한나라의 명장으로 흉노족을 정벌하러 갔다가 잡혀서 포로 신세가 되었다. 그러나 끝내 절모(節毛)를 손에서 놓지 않았다. 지난 날의 동료였던 이릉이 흉노족의 포로가 되어 항복하고 소무를 설득했으나 소무는 끝내 굴하지 않았고, 19년만에 결국 본국으로 돌아왔다.

智海淸 頌

天不能盖地不能載

裂破虛空雄雄絕對

寒山放箒覓豊干

普化搖鈴尋布袋

叅玄人須慷慨

箇事由來明大殺

龍牙尖上現全身

丹丘道者猶疑在

纍垂依衆下臨川

擬涉諸方心已憊

心已憊

屏蔽之間忽醒快

節髦落盡獨歸來

蘇公不下單于拜

대원 문재현은 이 칙을 모두 들고나서 이르노라.

하늘이 덮지를 못하고
땅이 싣지 못하는 물건이여
문지방도 보였다네

1363칙 나타(那吒) / 나타태자의 본래의 몸

 본 칙

덕소 국사에게 어떤 선승이 물었다.

"나타태자[39]가 살을 베어서 어머니에게 돌려드리고 뼈를 깎아서 아버지에게 돌려드린 뒤에 연화좌 위에서 본래의 몸을 나타내어 어머니를 위해 설법했다 하는데 어떤 것이 태자의 본래의 몸입니까?"

덕소 선사가 대답하였다.

"대가가 그대가 묻는 것을 보고 있느니라."

선승이 다시 물었다.

"그러한 즉 대천세계가 동일한 진여의 성품이겠습니다."

덕소 선사가 대답하였다.

"어렴풋이 곡조가 같아 들을 만하더니, 또다시 바람에 날려 다른 곡조 가운데에 있구나."

---

39) 나타(哪吒) 태자 : 북방 비사문천왕(毘沙門天王)의 아들이다. 얼굴이 셋, 팔이 여덟. 큰 힘을 가진 신장이다. 오등회원에 나타 태자가 살을 깎아서 어머니께 돌려드리고 뼈를 깎아서 아버지에게 돌려드린 뒤에 본몸을 나타내어 큰 신통을 부리면서 부모를 위해 설법했다고 한다.

韶國師 因僧問 那吒大子析肉還母 析骨還父然後 於蓮花臺上 現本身 爲母說法 未審如何是大子本來身 師云 大家 見上座問 僧云 恁麼則大千同一眞如性 師云 依俙似曲才堪聽 又被風吹別調中

∞ 목암충 선사가 이 칙을 들고 말하였다.

대중은 알고자 하는가? 뼈와 살을 몽땅 부모에게 돌려드리면, 분
명히 본래의 몸을 보게 될 것이다. 그러므로 "부모도 나의 친한 이
가 아니니, 누가 가장 친한 이인가?" 하였다.
여러분이 날마다 운력을 할 때에 흙을 나르고 나무를 지나니, 말
해보라. 그게 본래의 몸인가, 부모의 몸인가?
만일 부모의 몸이라면 본래의 몸을 등짐이요, 만일 본래의 몸이
라면 부모의 몸을 등짐이다. 말해보라. 끝내 어떤가? 갑자기 어떤
이가 나서서 "두 개입니다." 한다면 그대들은 그를 어떻게 대하겠
는가?

牧庵忠 拈 大衆 要會麼 骨肉 盡將還父母 分明方見本來身 所以道
父母 非我親 誰是最親者 只如諸人 每日普請 般土扛木 且道 是本來
身 父母身 若道是父母身則辜負本來身 若道是本來身 又辜負父母身
且道 畢竟如何 忽有人 出來道兩介 你如何對他

대원 문재현은 이 칙을 모두 들고나서 이르노라.

어떤 것이 태자의 본래의 몸인고?
태자의 앞코는 종으로 뻗쳤고
천하의 모든 산은 횡으로 펼쳐졌네
험!

1364칙 도성(都城) / 요즘 어느 곳에서 떠났는가

 본 칙

항주 보은사 혜명 선사가 어느 두 선객에게 물었다.
"상좌여, 요즘 어느 곳에서 떠났는가?"
선승이 대답하였다.
"도성에서 떠났습니다."
혜명 선사가 말하였다.
"상좌가 도성을 떠나 이 산에 왔으니 도성에서는 상좌가 빠졌고, 이 산에는 상좌가 더해졌다. 더해졌다 하면 마음 밖에 법이 있음이요, 빠졌다고 한다면 마음 법이 두루하지 못함이다. 깨달아 도리를 말한다면 머물러 있어도 좋거니와 깨닫지 못했다면 떠나라."
두 선승이 대답이 없었다.

杭州報恩寺慧明禪師 問二禪客 上座近離甚處 云 都城 曰 上座 離都城 到此山則都城 少上座 此山 剩上座 剩則心外有法 少則心法不周 說得道理則住 不會卽去 二人無對

∽ 운문고 선사가 대신 말하였다.

화상이 저를 속일 수 없고, 저도 화상을 속일 수 없습니다.
(다시 말하기를)

　지금 속이는 구절을 말할 수 있다고 말라. 만일 이른다면 그는 금
강의 우리에서도 뛰어남을 얻었다 할 것이고 밤가시[40]를 만나 삼킴
을 얻었다고 허락하리라.

　雲門杲 代 和尙 謾某甲不得 某甲 亦謾和尙不得 復云 卽今 莫有道
得相謾句者麽 若也道得 許汝跳得金剛圈 吞得栗棘蓬

---

40) 밤가시 : 원문에 율극봉(栗棘蓬)이라고 되어 있는데, 이것은 밤의 가시가 많은 바
　　깥 껍질을 말한다. 선가에서는 화두를 상징하기도 한다.

1364칙 도성 / 요즘 어느 곳에서 떠났는가　225

대원 문재현은 이 칙을 모두 들고나서 이르노라.

　이 사람이라면 "그러한 말씀이라면 이 사람의 입까지 빌릴 것이 무엇이 있겠습니까? 앞, 뒤, 좌, 우에서 다 이르고 있거늘…."이라고 하리라.

1365칙 삼결(三訣) / 세 가지 비결

 본 칙

홍주 백장 도상 선사가 어떤 때엔 상당하여 대중이 모이자마자 "차 마셔라." 하고 자리에서 내렸고, 어떤 때엔 상당하여 대중이 모이자마자 "잘 있거라." 하고 자리를 내렸으며, 어떤 때엔 상당하여 대중이 모이자마자 "쉬어라." 하고 자리를 내렸다. 나중에 스스로가 이 세 가지 인연을 합쳐 다음과 같이 송하였다.

백장에게 세 가지 비결이 있으니
차 마셔라, 잘 있거라, 쉬어라 하는 걸세
당장에 바로 깨달았다 할지라도
그대가 아직 깨치지 못했다 보증하네

洪州百丈道常禪師 有時上堂 衆 纔集 云 喫茶 便下座 有時上堂 衆 纔集 云 珍重 便下座 有時上堂 衆 纔集 云 歇 便下座 後來自作一頌 頌此三轉因緣云

百丈有三訣
喫茶珍重歇
直下便承當
敢保君未徹

∽ 천복고 선사가 이 칙을 들고 말하였다.

상 화상이 가끔 이런 시절 인연을 많이 썼는데 대중이 어리석게 경계를 정하려 하는구나. 나중에 스스로가 한 게송을 지었으니, 대중들이여, 상 화상의 이 한 게송에 대하여 말해보라. 그의 견처가 어떠한가? 얻고 잃음을 알겠는가? 알고자 하는가?

그가 세 차례 법당에 오른 것을 보건대 마치 좋은 사람 같으나 나중에 이 한 게송을 지은 것이 마치 얼굴에 두 줄의 글을 새긴 이(죄인) 같도다.

만일 통달한 사람이라면 들추자마자 당장 알겠지만 후학인 초심자는 가려내기 어렵다. 노승이 그대들을 위해 처음부터 주를 내리라.

"백장에게 세 가지 비결이 있다." 했으니, 도적의 몸이 이미 드러났다.

"차를 마셔라, 잘 있거라, 쉬어라." 했으니, 훔친 물건이 드러났다.

"당장에 바로 깨달았다 하더라도 그대가 아직 깨치지 못했다 보증하네." 했으니, 마치 훔친 물건을 안고 판결하는 것 같구나.

그러나 여러분이여, 만일 법을 가려낼 줄 아는 안목을 갖추었다면 능히 증명할 수 있겠지만, 사와 정을 가려내지 못하면 가히 불성에 어둡다 하리라. 어질고 밝은 이에게 다시 널리 물어야 할 것이거늘 가엾게도 헛되이 나서 헛되이 죽는구나.

薦福古 擧此話云 常和尙 往往多用此時節因緣 衆人 罔測津涯 後來 又自作一頌云云 大衆 只如常和尙 作此一頌 且道 見處如何 還知得 失否 要會麽 據他三度上堂時節 恰似箇好人 後來作此一頌 恰如面上 雕兩行字 若是通人達士 擧起便知 後學初機 難爲揀辨 老僧 與汝從 頭註出 百丈 有三訣 賊身 已露 喫茶珍重歇 贓物 出來 直下便承當 敢保君未徹 大似抱贓判事 然雖如此 諸仁者 若具擇法眼 方能證明 如或邪正不分 可謂顢頇佛性 更湏博問賢良 可惜虛生浪死

대원 문재현은 이 칙을 모두 들고나서 이르노라.

 당시에 대중들은 상 화상에게 "소리를 낮추고 낮추시오." 했어야
했다.
 험!

이러-해서 봄 경치 누리다가
때로는 엽차 한잔 마시고
잠 오면 팔베개로 잠도 자네

1366칙 추강(秋江) / 맑고도 얕은 가을 강

 본 칙

선주 흥복 가훈 선사가 다음과 같이 송하였다.

맑고도 얕은 가을 강에
해오라기 안개섬과 어우러졌네
좋구나, 관세음보살
온 몸이 거친 풀밭에 들었구려

宣州興福可勳禪師 頌云
秋江淸且淺
白鷺和煙島
良哉觀世音
全身入荒草

ꕔ 오조계 선사가 이 칙을 들고 말하였다.

여러 상좌들이여, 어디가 법의 눈이 아니며, 어디가 청량하지 않
던가? 그러나 조봉은 그렇다고도 하지 않으리라, 애닯다! 부 대사
여, 미륵 또한 드물다 마오.

五祖戒 擧此話云 諸上座 什麽處不是法眼 何處不是淸凉 然雖如此
祖峰 且不恁麽 堪嗟傅大士 彌勒 亦不少

∽ 회당심 선사가 이 칙을 들고 말하였다.

분명히 들어서 제창을 했고, 분명히 가려내어 드러냈다. 30년 뒤
에 사람을 저버리지 않아야 하리라.
호!

晦堂心 擧此話云 明明擧唱 明明剖露 三十年後 莫辜負人 好

∽ 경산고 선사가 이 칙을 들고 말하였다.

거친 풀밭에 있다 함이여, 진실로 꾸짖지 마오. 어째서 그러한가?
"형의 아내는 원래 형수니라."라고 함을 모르기 때문일세.

徑山杲 擧此話云 在荒草 不湏討 爲甚麼如此 不識大哥妻 元來是嫂
嫂

∽ 개암붕 선사가 이 칙을 들고 말하였다.

옛 사람의 이런 말이 마치 서육[41]이 나무판자를 메고 한쪽만 보는 것 같다. 만일 남선이라면 그렇게 하지 않으리니, "맑고도 얕은 가을 강에 해오라기 안개섬과 어우러졌네. 좋구나, 관세음보살! 바로 거친 풀밭에 들고자 하노라."라고 하리라.

무슨 까닭이겠는가? 풀섶을 헤쳐서 순식간에 하나의 반이라도 나온다 해도 우리 종을 이을 자인지는 알 수 없는 일이기 때문이니라. 비록 그러나 남선이 남을 위하는 곳을 알고자 하는가?

(손으로 입을 쳐서 시끄러운 소리를 내고)

참!

介庵朋 舉此話云 古人恁麼告報 大似徐六擔板 只見一邊 若是南禪
卽不然 秋江淸淺時 白鷺和煙島 良哉觀世音 正要入荒草 何故 草窠

---

41) 서육(徐六) : 예전에 어리석은 사람이 시골에 살았는데 이름이 서육이었다. 구정에 신발을 사려고 목판을 팔러 시내로 가는데, 목판을 옆으로 메니까 목판이 성문보다 넓어서 통과할 수 없었다. 지나가던 사람이 웃으면서 놀리기를 목판을 자르면 지나갈 수 있다고 하자 서육은 아주 좋은 방법이라고 생각하고 그대로 따라하였다. 하지만 목판을 작게 자르니 가격이 떨어져 한 쌍의 신발밖에 사오지 못했다. 그의 부인이 사온 신발을 보니 신발이 작았다. 부인이 화가 나서 어리석은 사람이라 하니까 서육은 방법이 있다고 하면서 칼로 자기 발을 잘라서 작게 해서 신발을 신었다고 한다.

裏 驀然撥得一箇半箇出來 嗣續吾宗 也不可知 然雖如是 要知南禪爲
人處麼 以手拍口作譁譁聲云 叅

대원 문재현은 이 칙을 모두 들고나서 이르노라.

옳기는 옳으나 물 속의 달 노래임을 어쩌랴….
(크게 세 번을 웃고 방으로 돌아가다.)

1367칙 대성(大聖) / 군자도 재물을 좋아하지만 이를 취함에는 도가 있는 법이다

 본 칙

균주 동산 효총 화상에게 어떤 선승이 물었다.

"이미 사주의 큰 성인이었다면 무엇 때문에 양주에 나타났습니까?"

동산 화상이 대답하였다.

"군자도 재물을 좋아하지만 이를 취함에는 도가 있는 법이다."[42]

筠州洞山曉聰和尙 因僧問 旣是泗州大聖 爲某楊州出現 師云 君子
愛財 取之有道

---

42) 중국의 경구(警句)이다. 경구란 진리나 삶에 대한 느낌, 사상을 간결하고 날카롭게
표현한 말이다.

◌ 장산전 선사 송

밝은 해는 서쪽으로 지고
흐르는 물은 동으로 향한다
천 병사는 얻기 쉬우나
한 장수는 구하기 어렵다
금강령 위에 늙은 푸른 솔이여
끝없는 행인들이 길머리를 잃네

蔣山泉 頌
白日西沒
逝水東流
千兵易得
一將難求
金剛嶺上靑松老
無限行人失路頭

∽ 열재 거사 송

땅도 없고 송곳마저 없다 해도 가난함이 아닐세
달 밝고 서리 맑음이여, 사람들 근심케 하누나
이십오륜[43]에도 머묾 없이
지금에 이르기까지 곳 없음이여, 단박에 온몸일세

悅齋居士 頌
無錐無地未爲貧
月白霜淸愁殺人
二十五輪留不住
至今無處頓渾身

---

43) 이십오륜(二十五輪) : 스물 다섯 가지의 수행하는 관법.

대원 문재현은 이 칙을 모두 들고나서 이르노라.

　당시에 이 사람이라면 "사주에 있을 때 그대는 어디에 있었던 가?" 하고 "해 솟는 동해물은 아름답고, 서쪽의 하늘빛은 푸르며, 중천의 흰구름은 백로일세." 했을 것이다.

1368칙 세진(歲盡) / 여러분과 함께 설을 쇠리라

🪷 본 칙

담주 북선 지현 화상이 제야에 대중에게 보이고 말하였다.

"한 해가 다했으니, 부득이 여러분과 함께 설을 쇠리라. 노승이 노지백우[44]를 삶고 기장 쌀밥을 짓고 들나물국을 끓여서 온 대중이 화롯가에 둘러앉아, 땔나무를 때어 불을 피워 놓고, 노래부르며 춤추리라.[45] 어째서 그런가? 남의 집 문전이나 남의 담장에 기대어 저가 남의 아들이라고 불리우는 꼴을 보지 않기 위함이니라."

(자리에서 내려 방장으로 돌아가는데 어떤 선승이 발을 걷어올리고 외치기를)

"화상이시여, 고을에서 관원이 왔습니다."

이때에 북선 화상이 말하였다.

"무슨 일인가?"

선승이 말하였다.

"갈고리로 화상의 가죽과 뿔을 거두려 합니다."

---

44) 노지백우(露地白牛) : 불타는 집 밖의 큰 흰 소의 수레. 법화경 비유품의 말씀으로 일승의 가르침. 맑고 깨끗한 법신을 말한다.
45) 원문에 촌전락(村田樂)은 중국 농민들의 민속춤이다.

이에 북선 화상이 모자를 벗어 땅에 던지니, 그 선승이 가까이 가서 주우려 하거늘 북선 화상이 꽉 잡고 말하였다.

"도둑을 잡았다! 도둑을 잡았다!"

선승이 모자를 북선 화상의 머리에 씌우면서 말하였다.

"날씨가 추우니, 화상의 모자를 돌려드립니다."

북선 화상이 깔깔대고 크게 웃었다.

(이때, 법창우 화상이 곁에 있었는데 북선 화상이 그에게 "어떤가?" 하니 법창우 화상이 "요즘 성 안에는 종이값이 비싸니, 한 장에 취조를 받아야 되겠습니다." 하였다.)

潭州北禪智賢和尙 除夜示衆云 年窮歲盡 無可與諸人分歲 老僧 烹一頭露地白牛 炊黍米飯 煮野菜羹 大家與諸人圍爐 向榾柮火 唱村田樂 何謂如此 免見倚他門戶傍他墻 更被他人喚作郞 下座歸方丈 次有一僧 揭簾叫 和尙 縣中 有公人 到此 師云 作什麼 僧云 勾和尙納皮角 師拈頭帽 擲放地下 其僧 近前便拾 師扭住云 捉賊捉賊 僧 以頭帽 裹放師頭上云 天寒 還和尙頭帽 師呵呵大笑(時法昌遇和尙在彼 師問 如何 遇曰 近日城中紙貴 一狀領過)

∽ 심문분 선사 송

상이 있으면 벌도 있고
무리지음 없으면 치우침도 없다
정성스럽게 노지백우를 삶아
다 같이 남은 해를 보내려 한다
먹고도 배부른 줄 몰라 거듭 침흘리며
천고의 사람들이 북선을 원망하누나
기틀 앞에서 걸음을 옮기면서 죽이고 살림을 논의하니
하늘에 치솟는 콧구멍을 일시에 꿰었다

心聞賁 頌
有賞有罰
無黨無偏
殷勤烹露地
相與送殘年
喫不飽再垂涎
千古令人怨北禪
轉步機前論殺活
遼天鼻孔一時穿

∽ 죽암규 선사가 이 칙을 들고 말하였다.

　대중들이여, 그대들은 저 눈 밝은 종사를 보라. 분수에 따라 조금 드러냄이, 실로 같지 않도다. 그대들이여, 요즘 사람들은 다만 알음알이나 견해를 왕성하게 하고, 나귀 입술이나 말의 주둥이로 떠들며, 나니 너니 하여 이기고 짐을 다투다가, 비슷한 말로 맞는다 하며 노숙을 인가하듯 하면서 박복한 업을 지으니, 어떻게 이런 경지에 이르르겠는가?

　산승은 여기에서 여러분께 노지백우를 삶아서 먹이지도 않고, 기장 쌀밥이나 들나물국을 끓여 공양하지도 않고, 화롯가에서 땔나무로 불을 때면서 여러분과 한가로이 앉아 있지도 않으리라.

　그대들 마음대로 남의 문전이나 남의 담장에 기대게 하겠지만, 그대들에게 섣달 그믐날 눈 광명이 땅에 떨어질 때의 선(禪)을 이야기해 주어서 각자 생과 사를 걱정하면서 출가한 일을 가려내어 섣달 그믐날에 갈 곳이 없어서 손발을 허우적거리지 않게 하리라.

　(주장자를 한 번 내리치고)

　알겠는가? 천당과 지옥의 문이 마주섰다. 한없는 방망이나 때려서 열리는 것이 아니로세.

　竹庵珪 舉此話云 大衆 你看佗明眼宗師 隨分露些子 自是不同 你今

時人 只管逞知逞解 逞驢唇馬觜 爭人負我 以合頭相似語句 印可老宿
作薄福業 那裏 到得恁麼田地 山僧 這裏 也不烹露地白牛 與你喫 也
無工夫炊黍米飯煮野菜羹供養你 也不共你向爐邊燒榾柮火 伴你閑坐
從教你諸人 倚他人門傍他人戶 却與你 說些子臘月三十日眼光落地底
禪 且要諸人 各自憂生念死 辨出家事 免見臘月三十日 未有去處 手
脚忙亂 以柱杖卓一下云 還會麼 天堂地獄門相對 無限輪槌擊不開

∽ 개암붕 선사가 이 칙을 들고 말하였다.

북선은 법을 내면서 간사함이 생겼고, 그 선승은 죄수를 가두어 지혜가 자라게 했으니 점검해 보건대 두 분이 모두가 허물이 있다. 북선은 노지백우를 삶는다 했으니 말썽이 생김을 면치 못했다.

능인이라면 그렇게 하지 않으리라. 노지백우를 삶지 않고 무쇠로 빚은 만두를 갖다 놓고 여러분과 설을 쇠려고 하니, 만일 씹어서 깨뜨리면 백 가지 맛이 구족하고 향기가 입에 가득하겠지만, 만일 씹어 깨뜨리지 못한다면 도리어 치아를 조심해야 되느니라.

(주먹을 세우고)

여러분은 이것을 무엇이라 하는가? 누가 말해보겠는가? 나와서 말해보라. 있는가? 있는가? 없다면 능인이 혼자서 팔고, 혼자서 살 수 밖에 없다.

끝내 어떤 것이 일생 동안 사용해도 다함이 없는 것인가? 알겠는가? 만일 알지 못한다면 다시 한 게송을 들으라.

뿔을 이고 털을 입음, 뚫고 나왔다 해도

쟁기 끌고 써래 끎, 마음의 티끌을 다하지 못한 것이다

가죽이 뚫리고 뼈가 드러나고야 비로소 쉬어 그치랴

종승을 잡으려거든 의심하여 헷갈리지 말라

介庵朋 擧此話云 北禪 法出姦生 這僧 停囚長智 檢點將來 二俱有
過 北禪 烹露地白牛 未免惹辭 若是能仁 又且不然 也不烹露地白牛
只將箇鐵酸餡 與諸人 分歲 若也咬嚼得破 百味具足 滿口馨香 其或
咬嚼不破 也須照顧牙齒 遂竪起拳云 諸人 喚這箇作什麽 還有人 道
得麽 試出來道看 有麽有麽 旣無 能仁 不免自賣自買去也 畢竟如何
一生受用不盡底 會麽 若也不會 更聽一頌

戴角披毛撞出來

牽犁拽把未心灰

皮穿骨露方休歇

不把宗乘作謎猜

대원 문재현은 이 칙을 모두 들고나서 이르노라.

"고을에서 관원이 왔습니다." 했을 때 "어느 곳을 향해 내딛어 왔
느냐? 빨리 일러라, 빨리 일러." 했어야 했고 혹 "무슨 일인가?" 했
다 해도 "갈고리로 화상의 가죽과 뿔을 거두려 합니다." 했을 때에
는 모자나 벗어 땅에 던지는 것이 아니라 할을 했어야 했다.
　이 공안을 점검하니 도리어 북선 화상이 그 선승의 놀림을 당했
다.

1369칙 종풍(宗風) / 종풍

본 칙

서주 투자산 의청 선사에게 어떤 선승이 물었다.

"스님은 어느 집안의 곡조를 부르시며, 종풍은 누구의 대를 이었습니까?"

투자 선사가 대답하였다.

"위음 이전의 한 화살을 쏘아서 두 겹의 산을 꿰뚫느니라."

선승이 다시 물었다.

"어떤 것이 전해주는 일입니까?"

투자 선사가 대답하였다.

"회 지방의 달이 온전하니 영양의 봄을 비추느니라."

선승이 다시 말하였다.

"그러한 즉 물에 들어가야 큰 사람을 보겠습니다."

투자 선사가 대답하였다.

"형옥이 뛰어난 줄만 알았지 어찌 초왕의 마음을 가려내랴."

(불자로 선상을 치다.)

舒州投子山義靑禪師 因僧問 師唱誰家曲 宗風 嗣阿誰 師曰 威音前
一箭 射透兩重山 僧云 如何是相付底事 師曰 全因淮地月 得照郢陽
春 僧云 恁麼則入水見長人 師曰 祗知荊玉異 那辨楚王心 隨後以拂
子 敲禪床

○ 단하순 선사 송

산호 가지 위에 옥꽃이 핌이여
바람이 전한 맑은 향기 우주에 가득하네
건곤이 알려준다고도 이르지 말라
소양이 일찍이 목주를 보았네[46)]

丹霞淳 頌
珊瑚枝上玉花開
風遞淸香徧九垓
勿謂乾坤成委曲
韶陽曾見睦州來

---

46) 소양은 운문을 말한다. 운문은 생전에 목주(睦州) 선사를 친견하였다. 운문이 목주
선사를 친견하러 가서 문을 두드리니, 목주 선사가 "누구냐?"라고 물었다. "문언
(文偃)입니다."라고 말하고서 문을 열고 들어가니, 목주 선사가 멱살을 움켜쥐고
"말해보라, 말해보라" 하였다. 운문이 머뭇거리자 바로 밀어내고 문을 닫는데, 운
문의 한쪽 발이 문에 끼어 다리가 부러졌다. 운문은 아픔을 참지 못하고 큰 소리
를 지르다가 확철대오하였다.

대원 문재현은 이 칙을 모두 들고나서 이르노라.

투자 선사시여, 옳기는 옳으나 위음 이전이니 꿰뚫느니가 용두사
미랄까.

당시에 대원이라면 엄지를 세우고 "이 집안의 곡조다." 하고 손뼉
을 친 뒤 "불조와 천하 선지식들의 종풍이다."라고만 했을 것이다.

1370칙 란봉(鸞鳳) / 다시 보려고 애쓸 것 없느니라

 본 칙

투자 선사가 대중에게 보이고 말하였다.

"만일 이 일을 이야기하자면 마치 하늘 가운데 난봉과 같아 자취를 남기지 않고, 산양이 뿔을 거는 것 같은지라 어찌 그 발자취를 찾으랴. 금룡이 찬 못을 지킴이 없는데 달인들 어찌 달 그림자에 깃들랴.

설사 주인과 손을 세우더라도 참으로 위음의 길 밖에서 고개를 저어야 하고, 문답의 말이 베풀어졌더라도 현묘한 길에서 제창하는 것이어야 하니라.

만일 이러하더라도 도중에 있는 것이거늘 다시 눈동자를 모아 보려고 애쓸 것이 없느니라."

投子 示衆云 若論此事 如鸞鳳冲霄 不留其跡 羚羊掛角 那覓其蹤 金龍 不守於寒潭 玉兎豈接於蟾影 其或主賓若立 須威音路外 搖頭 問答言陳 乃玄路 傍提爲唱 若能如是 猶在半途 更乃凝眸 不勞相見

◌ 단하순 선사 송

물 맑고 달 그득하니 도인이 근심하랴
묘함이라는 것마저 다하여 의지할 곳 없음에 거둘 것도 없도다
겁 밖에 원융하고 두루함 겸하였으니 이르는 길마다
싹틈 없는 가지에서 봄 가을이 분명하네

丹霞淳 頌
水澄月滿道人愁
妙盡無依類莫收
劫外圓徧兼到路
不萠枝上辨春秋

대원 문재현은 이 칙을 모두 들고나서 이르노라.

산정에 붉은 해가 얹혀 있고
바다 위의 바위는 거북일세

모양과 이름이 다하였고
밝고 어둠 서지를 못하는데

무쇠소는 허공을 달려가고
나무말은 노래를 부르네

1371칙 사갈(沙竭) / 사갈라 용왕이 바다에서 나오니

 본 칙

홍양 부 화상에게 어떤 선승이 물었다.

"사갈라 용왕이 바다에서 나오니 하늘땅이 고요한데 서로 얼굴을 마주하고 드러내보일 때의 일이 어떠합니까?"

부 화상이 말하였다.

"묘시조왕이 우주를 주관하는데 그 가운데 누가 나설 사람이냐?"

선승이 다시 물었다.

"홀연히 나섬을 만날 때에는 또 어떠합니까?"

부 화상이 대답하였다.

"매가 비둘기 다스리듯 하는 것을 그대가 깨닫지 못하니, 황제의 누각 앞에서 시험하고서야 비로소 참됨을 알겠구나."

"그러면 두 손을 가슴에 모으고, 세 걸음 물러서야 되겠습니다."

"수미좌(법상) 밑의 오구[47]가 거듭 낙방한 이마의 흔적을 말하게 하지 말라."

---

47) 법좌 아래의 거북이 조각.

興陽剖和尙 因僧問 沙竭出海乾坤靜 覿面相呈事若何 師云 妙翅鳥
王 當宇宙 箇中誰是出頭人 僧云 忽遇出頭時又作麽生 師云 似鶻提
鳩君不覺 御樓前驗始知眞 僧云 恁麽則叉手當胸 退身三步 師云 湏
彌座下烏龜子 莫謂重教點額痕

∽ 천동각 선사 송

천자의 조칙을 호령 분부하여 내림이여
나라 안에서는 천자요, 전쟁터에서는 장군이라
우레 소리에 놀라서 겨울잠을 자다가 나오지 않았다면
바람이 멎고 구름이 다님을 어찌 알았으리
기틀 아래 끊어짐이 없음이여, 금바늘과 옥실이 스스로 있음이나
도장 찍기 이전인 넓고 큼에는 원래 한 글자도 없네

天童覺 頌
絲綸降號令分
寰中天子塞外將軍
不待雷驚出蟄
那知風遏行雲
機底聯綿兮自有金針玉線
印前恢廓兮元無鳥篆蟲文

대원 문재현은 이 칙을 모두 들고나서 이르노라.

마주하고 드러내 보일 때의 일 어떠하오
흔적 없는 출입으로 이렇네

홀연히 나설 때는 어떠하오
공간 없는 맞음의 웃음이네

손 모으고 세 걸음 물러선다 하니
앞뒷산이 저렇게 곡하누나

1372칙 구경(究竟) / 암자 밖의 일은 보지 못한다

 본 칙

천의 의회 화상이 경전에서 '구경열반의 항상 적멸한 모습은 마침내 공(空)으로 돌아간다.' 한 것을 들고 말하였다.

"하나의 가리움이라도 눈에 있으면 온 세계에 헛꽃이 보이나니, 가리움이 사라지기 전엔 문 밖을 나서지 않고도 천하의 일을 알고, 가리움이 다 사라지면 암자 안의 일은 비로소 아나 암자 밖의 일은 보지 못하느니라."

天衣義懷和尙 擧敎云 究竟涅槃常寂滅相 終歸於空 師云 一翳在眼
空花遍界 翳若未消 不出門知天下事 翳若消盡 始知庵內事 不見庵外
事

∽ 법진일 선사 송

가리움이 생겨 눈병 나면 허공의 꽃을 보고
병이 나아 꽃 꺼지면 티도 사라진다
암자 안에서 암자 밖의 일을 모르나
밥 먹은 뒤 차도 한 잔 따라 마신다

法眞一 頌
翳生病眼見空花
翳瘥花亡絶點瑕
庵內不知庵外事
齋餘時酌一甌茶

◌ 상방익 선사가 "암자 안에서 암자 밖을 보지 못한다." 한 것을
들고 말하였다.

이 한 토막의 공안을 옛부터 총림에서 분명히 판단한 이가 한 사
람도 없기에 이제 법운이 여러분 앞에서 비판하리라.

여러분께 묻노니, 어째서 암자 안의 사람이 암자 밖의 일을 보지
못하는가? 두 눈을 감아버렸기 때문에 보지 못하는가? 아니면 문
을 닫아서 보지 못하는가? 아니면 보았으나 본 것이 없어서 보지
못했다 하는가? 아니면 본래 알았다는 소견이 없어서 보지 못했다
하는가? 만일 결정코 얻지 못한다면 주장자로 다시 여러분에게 설
파하지 않을 수 없도다.

(주장자를 들어 세워 말없이 보이고 대중을 부르면서)

설한 바 없지 않았으나 누가 들을 자인가. 만일 담이나 벽에도 귀
가 있다 해도 문수가 아직 도중에 있음이요, 만일 말함도 들음도
없다 해도 공생이 아직 완전하게 끊어버림이 아닌 것과 같다 하리.

말해보라. 암자 안의 사람이 암자 밖의 일을 보지 못한다 하니,
이 공안을 끝내 어떻게 결단하겠는가?

(주장자를 한 번 내리치고)

나머지는 공안에 의한 뒤에 놓아 시행하라.

上方益 擧 庵內人 不見庵外事 此一段公案 自古今叢林 未見有一人
斷得分明 今法雲 爲諸人批判 且問諸人 爲什麼 庵內人 却不見庵外
事 爲復是合卻雙眼不見 爲復是閉上門子不見 爲復見而亡見 爲之不
見 爲復本無知見 爲之不見 若也定當未得 不免令柱杖 再爲諸人說破
乃拈起柱杖 良久 召大衆云 說則不無 誰爲聽者 若云墙壁有耳 文殊
猶在半途 若道無說無聞 空生 未爲勦絶 且道 庵內人 不見庵外事 這
公案 畢竟作麼生斷 以柱杖子 卓一卓云 餘依案後施行放

대원 문재현은 이 칙을 모두 들고나서 이르노라.

이런 일 없을 수는 없다지만
경전의 말도 천의 의회의 말도 팔천 리일세
어둠 속의 불꽃이 높이 솟네

(주장자를 던지고 내리다.)

1373칙 차산(此山) / 삼산이 도리어 산승의 몸 안에 있도다

 본 칙

천의 선사가 삼산의 청을 받고 처음으로 원에 들어와서 상당하여 말하였다.

"20년 동안 이 산을 흠모했었는데 오늘 모이게 된 인연을 기뻐하노라. 산승이 이 산에 오기 전에 몸이 이미 이 산에 와 있었는데, 와서 보니, 삼산이 도리어 산승의 몸 안에 있도다."

天衣 赴杉山請 初入院上堂云 二十年 樂慕此山 今日 且喜因緣際會 山僧 未到此山 身先到此山 及乎到來 杉山 却在山僧身內

∽ 자수 선사 송

몸을 옮겨 천천히 걷는 늙은 천의여
눈썹 아끼지 않은 일, 몇이나 알랴
오늘 그때의 일을 밝히랴면
강남의 날씨가 따뜻하니 자고새가 운다

慈受 頌
移身緩步老天衣
不惜眉毛幾箇知
今日若明當日事
江南日暖鷓鴣啼

대원 문재현은 이 칙을 모두 들고나서 이르노라.

눈썹을 아끼지 않은 줄 모르랴만
낯 위에다 철판을 깔았구나
포대화상 상호는 다 웃는다
험!

1374칙 정문(頂門) / 정수리 위의 눈

 본 칙

천의 선사에게 어떤 선승이 물었다.

"어떤 것이 정수리 위의 눈입니까?"

천의 선사가 대답하였다.

"옷이 뚫어져 여윈 뼈가 드러나고 무너진 집에서 별을 보다 자느니라."

天衣 因僧問 如何是頂門上眼 師云 衣穿瘦骨露 屋破看星眠

∽ 법진일 선사 송

뼈 여위고 가죽 말랐는데 옷마저 뚫어지고
밤 깊자 무너진 집에서 별을 보다가 잔다 함이여
정수리에 삭가라의 눈을 갖추지 못했으면
서쪽에서 온 조사선을 묻지도 말라

法眞一 頌
骨瘦皮枯衣服穿
夜深屋破看星眠
頂門不具迦羅眼
莫問西來諸祖禪

대원 문재현은 이 칙을 모두 들고나서 이르노라.

푸르른 솔, 가지 사이 꾀꼬리고
파란 하늘 구름배 떠가는데
아련히 들려오는 파도소리

1375칙 장공(長空) / 기러기가 먼 하늘을 지남에

 본 칙

천의 선사가 상당하여 말하였다.

"기러기가 먼 하늘을 지남에, 그림자가 찬 물에 잠긴다. 기러기는 자취를 남길 생각이 없고, 물은 그림자를 남길 마음이 없다. 만일 능히 이와 같이 한다면 바야흐로 이류중행[48]을 알리라."

天衣上堂云 鴈過長空 影沉寒水 鴈無遺蹤之意 水無留影之心 若能如是 方解向異類中行

---

48) 이류중행(異類中行). 다른 종류의 것을 들어서 자성의 면목과 이치를 드러내는 것.

∽ 법진일 선사 송

변방의 기러기가 찬 구름에 높이 붙어 나니
그림자가 찬 강에 비쳤건만 찬 강은 스스로 알지 못하네
강물은 무정한데 기러기 무슨 뜻인고?
이류중행도 역시 이러하네

法眞一 頌
塞鴻高貼冷雲飛
影落寒江不自知
江水無情鴈何意
行於異類亦如斯

∽ 혜각 선사의 문답

혜각 선사에게 어떤 선승이 물었다.
"'기러기가 긴 하늘을 지남에 (중략) 물은 그림자를 남길 마음이
없다.' 한 뜻이 무엇입니까?"
혜각 선사가 대답하였다.
"일은 무심한 경지에서 얻어지느니라."
그리고는 다음과 같이 송하였다.

기러기가 긴 하늘을 지나는데 어찌 자취를 남기랴
그림자가 찬 물에 잠기나 물은 무심하니라
무심처를 체득해 얻으면
무심이라는 것마저 쓸데없어 도가 절로 깊어지리

慧覺 因僧問 鴈過長空 至之心意旨如何 師云 事向無心得 又頌
鴈過長空豈遺影
影沉寒水水無心
但能體得無心處
不用無心道自深

ᄋᄀ 자항박 선사가 상당하여 이 칙을 들고 말하였다.

고기가 지나가면 물이 흐리고, 새가 날면 털이 빠진다. 회 선사가 옳기는 옳으나 그 한 단락의 말은 어디서 생겼을까?

산승은 털을 헤치면서 꿰맨 자국을 찾거나 때를 씻으면서 흉터를 찾는 것이 아니라 여러분이 모두 다 같이 알기를 바라기 때문이다.

어찌 듣지 못했는가? 설사 하늘과 땅〔건곤〕과 온 누리에 털끝만한 허물도 없다 할지라도 역시 구절을 굴린 것이어서 한 가지도 봄이 없어야 겨우 반 쯤이나 드는 것이니, 다시 온전히 드는 시절이 있음을 알아야 한다. 감히 여러분께 묻노니, 어떤 것이 온전히 드는 시절인가?

소매 속에서 무쇠여의봉을 끌어내어 달을 버틴 산호가지를 부수느니라.

慈航朴 上堂擧此話云 魚行水濁 鳥飛毛落 懷禪師 是則是 者一絡索 從什處得來 山僧 不是披毛覓縫 洗垢求瘢 要得諸人 大家知有 豈不 見道 直得乾坤大地無纖毫過患 猶是轉句 不見一色 始是半提 更湏知 有全提底時節 敢問諸人 作麽生是全提底時節 袖中拈出鐵如意 擊碎 珊瑚撑月枝

대원 문재현은 이 칙을 모두 들고나서 이르노라.

마른 대에 연꽃이 피어나고
불 속에서 고양이는 새끼 낳으며
돌장승이 산후를 돕는다

1376칙 수구(繡毬) / 팔십 세 노인이 수구를 굴리느니라

 본 칙

서주 부산 법원 화상에게 어떤 선승이 물었다.

"스님은 누구의 곡을 부르시며, 종풍은 어느 집안을 이으셨습니까?"

부산 화상이 말하였다.

"팔십 세의 노인이 수구(공)를 굴리느니라."[49]

선승이 다시 물었다.

"그러한 즉[50] 일구(一句)로 널리 조사의 혈통을 열고, 삼현의 무기를 총림에 떨치겠습니다."

부산 화상이 말하였다.

---

49) 중국의 관아 또는 문 앞에는 거의 대부분 한 쌍의 돌로 조각한 큰 사자를 배치한다. 두 마리의 사자가 수놓은 공[繡球]을 갖고 노는 것을 일반적으로 '이사곤수구(二獅滾繡球)'라고 한다. 세속에서는 암수 두 사자가 서로 희롱할 때 그 부드러운 털이 합쳐져 얽혀 공을 만들어 내며 새끼 사자는 바로 그 부드러운 털로 만들어진 공 속에서 태어난다고 전해진다. 그러므로 수놓은 공은 매우 길상적인 물건으로 간주된다.

50) 설봉본 원문의 '溜麼則'은 '恁麼則'의 오기(誤記)로 보인다. 여기에서는 법의 의로를 따라 중국의 오등회원 권12와 비은선사어록(費隱禪師語錄) 권13의 기록을 취해 '恁麼則'으로 표기하였다. 오등회원은 경덕전등록(景德傳燈錄) 등 송대에 발간된 다섯 가지 선종사서(禪宗史書)를 압축한 선종의 통사(通史)이다.

"이릉[51]은 원래가 한나라 조정의 신하니라."

舒州浮山法遠和尙 因僧問 師唱誰家曲 宗風 嗣阿誰 師云 八十翁翁輥繡毬 僧云 恁麼則 一句逈然開祖胄 三玄戈甲振叢林 師云 李陵 元是漢朝臣

---

51) 이릉(李陵) : 한나라 조정의 신하였는데, 흉노족의 포로가 되어 항복하였다.

∽ 투자청 선사 송

달 속에 뿌리 없는 풀이요
산 앞에 마른 나무의 꽃일세
기러기가 변방 사막으로 돌아간 뒤
다듬이질 소리 뉘 집에서 나는고?

投子靑 頌
月裏無根草
山前枯木花
鴈回沙塞後
砧杵落誰家

∾ 투자청 선사가 다시 이 칙을 들고 말하였다.

물이 깊으니 고기가 편안하고, 잎이 지니 둥지가 성글어진다.

又拈 水深魚穩 葉落巢踈

대원 문재현은 이 칙을 모두 들고나서 이르노라.

뉘 곡을 부르냐고? 달도 이르고
어느 집안을 이었냐고? 벽도 이른다
이 도리 이러-하니 쉴지어다

1377칙 평지(平地) / 평지에 백골이 무더기로 일어난다

 본 칙

부산 선사에게 어떤 선승이 물었다.
"어떤 것이 조사께서 서쪽에서 오신 뜻입니까?"
부산 선사가 말하였다.
"평지에 백골이 무더기로 일어난다."

浮山 因僧問 如何是祖師西來意 師云 平地 起骨堆

∽ 투자청 선사 송

연한 풀은 비스듬히 길에 자랐고
산골 물은 푸른 빛을 띠고 흐른다
문왕은 일찍이 위수에서 청했고[52]
열사[53]는 장주[54]에게 부끄러워 하였다[55]

投子青 頌
嫩草疏斜徑
山泉帶碧流

---

52) 문왕이 위수에서 곧은 낚시질을 하던 강태공(姜太公)에게 국사가 되어주기를 청했
던 일화가 있다. 강태공은 본명이 강상(姜尙)으로, 주나라 문왕(文王)의 초빙을 받
아 그의 스승이 되었고, 무왕(武王)을 도와 상(商)나라 주왕(紂王)을 멸망시켜 천하
를 평정하였으며, 그 공으로 제(齊)나라 제후에 봉해져 그 시조가 되었다.
53) 열사(烈士) : ① 정의로운 일을 위해 희생한 사람. ② 나라에 충성을 다해 싸우거나
나라를 위해 목숨을 바친 이. ③ 뜻이 높고 고고한 사람.
54) 장주(莊周) : 장자(莊子).
55) 장자(莊子) 추수(秋水)편의 이야기가 있다. 장자가 강에서 낚시를 하고 있었는데,
초왕이 두 대부를 보내어 나라의 정사(政事)를 맡기고 싶다고 하였다. 장자는 낚싯
대를 잡은 채 돌아보지도 않고 말하였다. "초나라의 신령스런 거북이가 죽은 지 3
천 년이 되도록 헝겊에 싸여 묘당에 간직되어 받들어지고 있는데, 거북이는 죽어
서 뼈를 남긴 채 귀하게 받들어지기를 바랬을까, 아니면 살아서 꼬리를 끌며 진흙
속을 다니기를 바랬을까?" 두 대부가 대답하였다. "그야 살아서 진흙 속에서 꼬리
를 끌며 다니기를 원했겠지요." 그러자 장자가 말하였다. "가시오 나는 진흙 속에
서 꼬리를 끌고 다니겠소"

文曾要渭水
烈士恥莊周

대원 문재현은 이 칙을 모두 들고나서 이르노라.

보성엔 삼베가 명물이듯
한산의 모시가 그렇다네
앞으로 그따위 질문 말게

1378칙 절중(浙中) / 길을 거치지 않는 한 구절

본 칙

제주 낭야산 혜각 광조 화상이 거 화상에게 물었다.

"어디에서 떠났습니까?"

거 화상이 대답하였다.

"절중에서 떠났습니다."

혜각 선사가 다시 물었다.

"배로 왔습니까, 육지로 왔습니까?"

거 화상이 대답하였다.

"배로 왔습니다."

혜각 선사가 말하였다.

"배는 어디에 있습니까?"

거 화상이 대답하였다.

"배는 발 밑에 있습니다."

혜각 선사가 다시 물었다.

"길을 거치지 않는 한 구절은 어떻게 이르겠소?"

거 화상이 대답하였다.

"엉터리 같은 장로가 삼과 조같이 많구나."

거 화상이 소매를 흔들면서 떠나자 혜각 선사가 시자에게 물었다.

"아까 그 선승이 누구냐?"

시자가 대답하였다.

"거 도자(道者)입니다."

이에 혜각 선사가 뒤쫓아 가서 객실을 지나서 보고 물었다.

"거 사숙이 아니십니까? 아까 결례한 점을 용서하십시오."

거 화상이 할을 하고는 다시 물었다.

"장로는 언제 분양에 갔었던가?"

혜각 선사가 대답하였다.

"이런 때였었소."

거 화상이 말하였다.

"내가 절중 지방에서 그대의 명성을 익히 들었는데 와서 보니, 겨우 그런 견해로구나. 어찌 헛이름만 천하에 떠들썩한고?"

혜각 선사가 절을 하면서 말하였다.

"혜각의 허물입니다."

滁州瑯琊山慧覺廣照和尙 問擧和尙 近離甚處 擧云浙中 師云 船來
陸來 擧云 船來 師云 船在甚處 擧云 船在步下 師云 不涉程途一句
作麼生道 擧云 杜撰長老如麻似粟 拂袖便行 師却問侍者 這僧 是何

人 侍者云 擧道者 師遂去 且過堂見問 莫便是擧師叔麽 莫怪某甲適
來相觸忤 擧便喝 復問 長老何時到汾陽 師云 恁時 擧云 我在浙中
早聞你名 元來見解祇如此 何得名喧宇宙 師乃作禮曰 慧覺罪過

∽ 해인신 선사 송

어옹이 산뜻하게 동서에 걸림없이
갈대피리 자유로이 부는데 화답소리가 맞지 않네
밤 깊고 달 밝은데 고기가 물지 않아
조각배에 누워서 무릉계곡 드누나

海印信 頌
漁翁蕭灑任東西
蘆管橫吹和不齊
夜靜月明魚不食
扁舟臥入武陵溪

☞ 운문고 선사 송

여의주를 빼앗고는 곧 돌아오니
작은 근기의 마귀는 모두가 의심일세
번쩍 들어 큰 파도 속에 던져버리고
손을 놓은 대가는 고향으로 돌아가네

雲門杲 頌
奪得驪珠卽便廻
小根魔子盡疑猜
拈來抛向洪波裏
撒手大家歸去來

∽ 죽암규 선사 송

관가 길에 사람 없어 혼자 걷듯 함이여
두 집안을 숨김 없이 드러내놓은 증거 몹시도 분명하네
길 가의 사사로운 소금 훔쳐 팔던 나그네
풀섶에 몸 웅크려 한 평생을 보내리

竹庵珪 頌
官路無人獨自行
兩家公驗甚分明
路傍偸販私鹽客
草裏蹲身過一生

⌒ 운문고 선사가 이 칙을 들고 말하였다.

　손은 끝까지 손이요, 주인은 끝까지 주인일세. 두 대사가 갑자기 만나자 주인과 손이 엇바뀌면서 당장에 임제의 마음과 골수를 밝혀냈다.

　만일 요처를 사무쳐 증득해서는 사무쳐 증득했다는 것마저 없어서, 일상의 마음에서 바른 안목을 갖추어내는 이가 아니면 얻고 잃은 것에 대해 헤아려 논하는 것을 면치 못하리라.

　혹 어떤 이는 "거공이 앞서 낱낱이 진실에 의거해서 대했다." 하고 "낭야 선사는 마지막에 불법의 도리를 짓지 않았어야 한다. 그것이 엉터리 같은 짓이다." 하며, 혹 어떤 이는 "낭야 선사가 거공의 엉터리 같은 장로라고 하는 한 마디에 마음속에 의혹이 생겨, 당장에 창을 던지고 갑옷을 벗고서 거공을 따라가 만류하면서 이 일을 물었으니, 이는 좌참[56]이다." 하니, 한 마리 개가 헛 짖었는데 천 마리의 원숭이가 진실인 줄 알고 짖어대는 꼴이다.

　도대체 법을 주관하는 이의 지혜의 눈이 밝지 못하기 때문에 종교의 도리를 잘못 전하여 뒷 사람들을 의심하고 잘못 되게 하였다.

　두 대사가 고조되어 드날린 것이 하늘의 해와 달이 짝하듯 하고, 용과 코끼리가 차고 밟듯 한 것 같음을 알지 못하는구나. 결코 절름발이 나귀나 눈먼 이의 일이 아니거늘 우물의 개구리나 초파리

───────────────
56) 좌참(坐參) : 모든 대중이 모여 법문하는 것을 좌선하며 기다리는 것.

가 어찌 우주의 넓고 넓음을 알랴.

　내가 일찍이 시험삼아 방 안에서 이 이야기를 들어 학자들에게 물었다.

　"그대는 낭야 선사의 이 이야기를 긍정하는가?"

　그 선승이 대답하였다.

　"긍정치 않습니다."

　"왜 긍정치 않는가?"

　"불법의 도리를 짓지 않았어야 하기 때문입니다."

　내가 또, 운문이 동산에게 "요즘 어디서 떠났는가?" 하니, 동산이 "사도에서 떠났습니다." 하고, "여름을 어디서 지냈는가?" 하니, "호남 보자원에서 지냈습니다." 하고, "언제 거기서 떠났는가?" 하니, "팔월 이십오일입니다." 하였는데, 운문이 말하기를 "네게 세 차례 방망이를 놓아야 되겠다." 한 것을 들어서 어떤 선승에게 물었다.

　"그대는 운문의 이 이야기를 긍정하는가?"

　"긍정합니다."

　"어째서 긍정하는가?

　"운문은 불법의 도리마저 짓지 않았기 때문입니다."

　내가 다시 물었다.

　"스승이 물은 것이 같고 학자의 대답이 다름이 없거늘, 그대는 어찌하여 하나는 긍정하고 하나는 긍정치 않는가?"

　그 선승이 우두커니 생각하기에 내가 연거푸 방망이로 때려 내쫓고, 다시 그 선승을 불러 "이리 오라!" 했더니, 그 선승이 고개를 돌리기에 내가 말하였다.

"그대가 만일 방망이라고만 생각한다면 나까지도 연루되어 눈먼 장님이 된다."

이어 그 선승이 절을 하면서 말하였다.

"오늘에야 낭야 선사와 거공이 예사 생각으로는 헤아릴 수 없다는 것을 비로소 알았습니다."

내가 "그대들은 저 눈먼 놈의 어지러운 지껄임을 보라."라고 한 뒤 때리고 할을 하여 내쫓았느니라.

雲門杲 擧此話云 賓則始終賓 主則始終主 二大士 驀箚相逢 主賓互換 直下 發明臨際心髓 苟非徹證向上巴鼻 具出常情正眼 未免作得失論量 或者道 擧公 前來一一據實祇對 瑯琊 末後 不合作佛法道理 是杜撰處 或者道 瑯琊 被擧公道介杜撰 心中疑惑 卽時倒戈卸甲 逡挽留擧公 否決此事 謂之坐祟 一犬吠虛 千猱啀實 蓋由主法者智眼不明 濫觴宗敎 疑誤後人 殊不知二大士激揚 若日月麗天 龍象蹴踏 決非跛鱅盲者之事 井蛙醯雞 又焉知宇宙之寬廣耶 余嘗室中 擧此話問學者 你還肯瑯琊此語否 曰 不肯 何故不肯 曰 不合作佛法道理 余復擧雲門問洞山 近離甚處 曰 查渡 夏在甚處 曰 湖南報慈 幾時離彼 曰 八月二十五 門云 放你三頓棒 你還肯雲門此語否 曰 肯 肯者云何 曰 雲門 無佛法道理 余曰 師家問處一般 學者荅處無異 你爲什麼 肯一

不肯一 學者佇思 余連棒打出 復召其僧 且來且來 其僧 回首 余曰
你若作棒會 帶累我 也是箇瞎漢 其僧 便禮拜曰 今日 方知瑯琊與擧
公 非常情可測 予曰 你看者瞎漢亂繞 又打喝出(云云)

대원 문재현은 이 칙을 모두 들고나서 이르노라.

이름도 설 수 없는 도량에서
염부제의 예까지 다함일세
이러한 삶을 일러 자재라 하네

(어느 날 소참 때 이 공안을 들고 읊기를)

조용한 달 밝은 밤 누에 앉아
빙그레 이 미소 이 자연에
분별은 말라빠진 넋두리라
밤하늘에 기러기 소리로세

1379칙 청정(淸淨) / 청정한 본연

 본 칙

낭야 선사에게 장수 좌주가 물었다.
"청정한 본연에 어찌하여 홀연히 산하와 대지가 생겼습니까?"
낭야 선사가 소리를 높여 말하였다.
"청정한 본연에 어찌하여 홀연히 산하와 대지가 생겼는고?"
좌주가 그 말에 크게 깨달았다.

瑯琊 因長水座主問 淸淨本然 云何忽生山河大地 師抗聲云 淸淨本
然 云何忽生山河大地 主於言下大悟

∽ 정엄수 선사 송

밝음에 범함 없이 본체 완전히 드러냄에
앞으로 나아감 구태여 헤아려 논할 건가
곱고 추함, 옛 거울에 일치함인데
고개 돌이키면 온 얼굴에 부끄러움 뿐일 걸세

淨嚴遂 頌
當明不犯體全彰
進步剛然要論量
妍醜只因逢古鏡
廻頭滿面負慚惶

∽ 천동각 선사 송

있다고 보거나 있지 않다고 보거나
손을 뒤집고 손을 엎음일세
낭야산 속의 사람이
구담⁵⁷⁾의 후예라는 것에도 떨어지지 않는다

天童覺 頌
見有不有
翻手覆手
瑯琊山裏人
不落瞿曇後

---

57) 구담(瞿曇) : 석가모니 부처님.

⌒ 불감근 선사 송

바람이 불어서 불붙는 것[58]을 공연히 묘하다 하지만
손으로써 주먹을 만드는 일, 크게 장한 것이 못 된다
청정한 본연이라고 입이 말하는 것을 따라
홀연히 대지와 산하가 났도다

佛鑑勤 頌
因風吹火徒爲妙
借手行拳未足多
淸淨本然隨口道
忽生大地與山河

---

58) 원문의 '인풍취화(因風吹火)'는 바람의 풍세에 따라 불이 붙는 것으로 일의 흐름이
순풍에 돛 단듯 자연스럽게 되어지는 것을 의미한다.

∽ 원오근 선사 송

꾸짖으면 입 대기를 더하고
침을 뱉으면 물뿌리기를 더한다
티끌을 들어 대지를 거두고
꽃을 피워 세계를 일으킴일세
모든 격식을 벗어나 공훈마저 끊긴 데서
구절 속에 큰 보시의 문 열었네

圜悟勤 頌
相罵饒接觜
相唾饒潑水
塵擧大地收
花開世界起
一模脫出絶功勳
句裏挨開大施門

ᗇ 해인신 선사가 이 칙을 들고 말하였다.

먼저 갔다 해도 이르르지 못함이요, 맨 나중이라 해도 큰 허물일
세.

海印信 拈 先行不到 末後大一過

∽ 백운연 선사가 이 칙을 들고 말하였다.

금 부스러기가 비록 귀하나 눈에 떨어지면 병이 되느니라.

白雲演 拈 金屑雖貴 落眼成翳

୭ 심문분 선사가 상당하여 이 칙을 들고 말하였다.

존자가 그렇게 물었는데 낭야 선사가 그렇게 들어 보였으니, 산
하와 대지를 알겠는가? 말해보라. 만 년 동안 남을 위하는 안목이
어디에 있는가? 이미 관문을 지난 이는 가려내보라.

(이 기록에는 능엄경에서 부루나 존자가 부처님께 여쭙기를 "청
정 본연이거늘 어째서 문득 산하와 대지 모든 유위의 형상이 생겼
습니까?" 했는데 낭야각 선사가 들기를 "청정 본연인데 어째서 문
득 산하와 대지 모든 유위의 형상이 생겼는가?" 하였다고 하였다.)

心聞賁 上堂擧此話云 尊者恁麼問 瑯琊恁麼拈 還曾識得山河大地
也未 且道 萬年爲人眼 在什麼處 已過關者 試請辨看

(此錄 擧楞嚴會上 富樓那問佛 淸淨本然 云何忽生山河大地諸有爲
相 瑯琊覺 拈云 淸淨本然 云何忽生山河大地諸有爲相)

☁ 송원 선사가 상당하여 이 칙을 들고 말하였다.

해가 길고 밤이 짧은데 여러분은 깨달았는가? 푸른 하늘은 다시 푸르거늘, 해골 앞에서 사라져가니, 해가 또 지는 것을 봄에, 어찌 사람을 소년이 되게 하리.

松源 上堂擧此話云 日長夜短 諸人 還省麽 青天 復青天 打失髑髏前 看看日又過 爭教人少年

대원 문재현은 이 칙을 모두 들고나서 이르노라.

　낭야 선사에게 장수 좌주가 "청정한 본연에 어찌하여 홀연히 산하와 대지가 생겼습니까?"라고 묻자 낭야 선사가 소리 높여 "청정한 본연에 어찌하여 홀연히 산하와 대지가 생겼는고?" 했으니 좌주에게 도리어 물음이라 하겠는가, 그 실체를 온통 드러내 보임이라 하겠는가?
　만약 그 실체를 드러내 보임이라면 어떻게 해서 그렇게 봤는가? 눈 밝은 이라면 일러보라.

　삼삼은 어찌해도 아홉이고
　육육은 백 번 해도 삼십육이며
　구구는 세계공통 팔십일일세

1380칙 성중(城中) / 여기서 성 안이 7리니라

 본 칙

낭야 선사에게 어떤 선승이 물었다.
"어떤 것이 불법의 대의입니까?"
낭야 선사가 대답하였다.
"여기서 성 안이 7리니라."
선승이 다시 물었다.
"학인이 잘 모르겠습니다."
낭야 선사가 대답하였다.
"절대로 강에 내려가서 목욕을 해서는 안 되느니라."

瑯琊 因僧問 如何是佛法大意 師云 此去城中 七里 僧云 學人 不會
師云 切忌下河澡洗

∽ 해인신 선사 송

성까지 3리도 6리도 아닌 7리라고 함
영리한 납자가 헤아려도 알 수 없네
어찌 알랴. 목동이 부른 피리와 시골뜨기의 속된 가락이[59]
소리마다 오랑캐 가문의 곡[60]임을…

海印信 頌
去城七里非三六
靈利衲僧數不足
豈知牧笛與巴歌
聲聲盡是胡家曲

---

59) 원문의 '파가(巴歌)'는 중국 파 지방의 노래로서 촌뜨기 야인이 부르는 속된 가락
   을 뜻한다.
60) 달마가 서쪽에서 왔기에 오랑캐 가문이라고 하면 달마의 불법을 의미한다.

대원 문재현은 이 칙을 모두 들고나서 이르노라.

당시에 대원이라면 "아닌 것을 일러보아라." 했을 것이다.

1381칙 진전(進前) / 앞으로 나아가면 죽고 뒤로 물러나면 멸망한다

 본 칙

낭야 선사가 대중에게 보이고 말하였다.

"앞으로 나아가면 죽고 뒤로 물러나면 멸망한다. 나아가지도 않고 물러가지도 않으면 일없는 고을에 떨어진다. 어째서 그런가? 장안이 비록 좋으나 길이 머물러 있기만 해서는 안 되느니라."

瑯琊 示衆云 進前卽死 退後卽亡 不進不退 落在無事之鄕 何故如此 長安 雖樂 不是久居

෮ 운문고 선사가 이 칙을 들고 말하였다.

피가 터지도록 울어도 쓸 곳 없으니, 입 다물고 남은 봄을 지내는 것만 못하니라.

雲門杲 擧此話云 啼得血流無用處 不如緘口過殘春

대원 문재현은 이 칙을 모두 들고나서 이르노라.

낭야 선사여, 따끈한 차나 한 잔 드시구려.

1382칙 일전(一轉) / 일전어

 본 칙

낭야 선사가 대중에게 보이고 일전어를 말하였다.

"일전어가 천하 사람의 혀를 자르기도 하고, 일전어가 사람의 눈
도 열어주기도 한다. 그대들이 가려낸다면 그대에게 한 줄기 주장
자를 주리라."

瑯琊 示衆云 有一轉語 截斷天下人舌頭 有一轉語 開人眼目 你若揀
得出 與你一條柱杖

∽ 심문분 선사가 이 칙을 들고 말하였다.

낭야 선사가 이미 가벼이 분부하지 않았으니 산승이 오늘 분명하게 가려주리라.
(주장자를 번쩍 집어 들어 한 번 내리치고)
천하 사람의 혀를 자르는 일전어를 알려는가? 다만 이것이니라.
(다시 한 번 내리치고)
사람의 눈을 열어주는 한 구절을 알려는가? 다만 이것이니라.
이 속에서 밝게 분별하여 깨달은 이가 있는가? 만일 보아 깨달았다면 두 손으로 분부해 주겠지만 만일 보아 깨닫지 못했다면 법조항을 달리 바꾸리라.

心聞賁 擧此話云 瑯琊 已是不輕分付 山僧 今日 與他明辨 驀拈柱杖 卓一下云 要識截斷天下人舌頭一轉語麽 只這是 復卓一下云 要識開人眼目一轉語麽 只這是 還有分曉向這裏見得底麽 若也見得 兩手分付 若見不得 別換條章

대원 문재현은 이 칙을 모두 들고나서 이르노라.

천하사람 혀 자르는 말을 하랴?
포천선원에서 광주선원은 삼백킬로니라

천하사람 눈 열어주는 말을 하랴?
광주선원에서 부산선원은 삼백킬로니라

천하사람 자유 광장을 말하랴?
부산선원에서 포천선원은 오백킬로니라

1383칙 료중(鬧中) / 시끄러운 가운데 고요할 때

본 칙

원주 남원 초원 자명 대사에게 어떤 선승이 물었다.
"시끄러운 가운데 고요할 때가 어떠합니까?"
자명 대사가 대답하였다.
"머리에 포대를 베었느니라."

袁州南源楚圓慈明大師因僧問 鬧中取靜時如何 師云 頭枕布袋

∽ 해인신 선사 송

포대를 베고 편히 잠이 들어 자유로우니
사람과 물건 마음대로 떠들게 하라
거친 옷, 거친 음식도 전혀 상관 없거니
뉘라서 동쪽 하늘에 해 돋음을 관계하랴?

海印信 頌
枕袋安眠得自由
任他人物鬧啾啾
麤衣糲食猶無念
誰管扶桑日出頭

대원 문재현은 이 칙을 모두 들고나서 이르노라.

"시끄러운 가운데 고요할 때가 어떠합니까?" 하면 대원은 "동산
이 호숫물을 내려다본다." 하리라.
험!

1384칙 답착(踏着) / 밟아도 성을 내지 않느니라

 본 칙

자명 선사에게 어떤 선승이 물었다.
"어떤 것이 도입니까?"
자명 선사가 대답하였다.
"밟아도 성을 내지 않느니라."
선승이 다시 물었다.
"어떤 것이 도 가운데의 사람입니까?"
자명 선사가 대답하였다.
"어깨에 메고 등에 졌느니라."

慈明 因僧問 如何是道 師云 踏着不嗔 僧云 如何是道中人 師云 肩
馱背負

∽ 장산전 선사 송

밟아도 본래부터 성을 낼 줄 모른다 하고
어깨에 메고 등에 졌다고 함, 어떤 이에게 줌인가
고향 땅 지척인데 모름지기 돌아가
장안의 한 길 흙먼지 덮어쓰지 말아라

蔣山泉 頌
踏着從來不解嗔
肩馱背負與何人
故園咫尺湏歸去
休惹長安陌上塵

대원 문재현은 이 칙을 모두 들고나서 이르노라.

　대원이라면 "어떤 것이 도입니까?" 하면 "천지의 것들이다." 했을 것이고 "어떤 것이 도 가운데의 사람입니까?" 하면 "지금이 딱 좋다." 했을 것이다.

1385칙 일무(一畝) / 한 이랑의 땅에 세 뱀, 아홉 쥐니라

 본 칙

자명 선사에게 어떤 선승이 물었다.

"어떤 것이 불법의 대의입니까?"

자명 선사가 대답하였다.

"한 이랑의 땅에 세 뱀, 아홉 쥐니라."

慈明 因僧問 如何是佛法大意 師云 一畝之地 三蛇九鼠

∽ 공수 화상이 이 칙을 들고 말하였다.

한 이랑의 땅에 세 뱀과 아홉 쥐라 함이여,
물건은 값이 정해져 있고, 돈은 치르기에 충분하다.

空叟和尙 擧此話云 一畝之地三蛇九鼠 物是定價 錢是足數

대원 문재현은 이 칙을 모두 들고나서 이르노라.

당시에 대원이라면 그 물음에 "대의니라." 했을 것이다.

1386칙 고원(高原) / 물이 높은 언덕에서 나느니라

 본 칙

자명 선사에게 어떤 선승이 물었다.
"어떤 것이 부처입니까?"
자명 선사가 대답하였다.
"물이 높은 언덕에서 나느니라."
다음과 같이 송하였다.

물이 높은 언덕에서 나온다 함, 매우 기특하거늘
선인들 알지 못해 눈이 마비되었다
만일 흙탕물의 구절을 밝히지 못하면
등롱과 노주가 비웃으리라

慈明 因僧問 如何是佛 師云 水出高原 乃作頌
水出高原也大奇　禪人不會眼麻彌
若也未明泥水句　燈籠露柱笑哈哈

∽ 지해일 선사 송

높은 언덕에서 물이 난다고 자명 선사가 말하니
천하의 납자들 먼지나게 달린다
맑은 소리, 귓가에 오는 것만 들을 뿐
저 봉우리 앞으로 흘러내리는 줄 모르네

智海逸 頌
慈明謂水出高原
天下禪僧走似煙
只聽淸聲來耳畔
不知流落那峰前

ᑐ 숭승공 선사 송

물이 높은 언덕에서 나온다 함이여
빛이 맑고도 차다
모두가 부처를 보았다 하나
뉘라서 그 의중을 밝히랴
귀를 씻기도 쉽지 않으나
소를 마시게 하기는 더욱 어렵다
시냇물이 어찌 머무를 수 있으랴
마침내 바다로 돌아가 파도가 된다

崇勝珙 頌
水出高原
色淸且寒
皆云見佛
誰辨來端
洗耳非易
飮牛更難
溪澗豈能留得住
終歸大海作波瀾

대원 문재현은 이 칙을 모두 들고나서 이르노라.

대원에게 그렇게 물었다면 "부처도 아닌 것이다." 했을 것이다.

1387칙 유년(有年) / 세월은 보냈으나 공덕이랄 것도 없느니라

 본 칙

자명 선사에게 어떤 선승이 물었다.
"9년 동안 벽을 향해 앉은 뜻이 무엇입니까?"
자명 선사가 대답하였다.
"세월은 보냈으나 공덕이랄 것도 없느니라."
그 선승이 다시 양기 선사에게 물었다.
"9년 동안 벽을 향해 앉은 뜻이 무엇입니까?"
양기 선사가 대답하였다.
"서천 사람이 중국말을 알지 못했다."
또 회당 선사에게 물었다.
"9년 동안 벽을 향해 앉은 뜻이 무엇입니까?"
회당 선사가 대답하였다.
"추위도 덮을 이불이 없었느니라."

慈明 因僧問 九年面壁意旨如何 師云 有年無德 又問楊歧 九年面壁
意旨如何 歧云 西天人不會唐言 又問晦堂九年面壁意旨如何 堂云 寒
無被蓋

∽ 해회단 선사 송

하늘 높고 땅 넓다 함, 사람이 보기 어렵고
물 넓고 산 깊다 함, 말하기 쉽지 않다
만고의 팔풍이 불어도 들어오지 못함이여
서천 사람이 중국말을 알지 못했다 함일세

(이 기록은 양기 선사와의 문답만을 송한 것이다.)

海會端 頌
天高地逈人難見
水濶山重不易論
萬古八風吹不入
西天人不會唐言
(此錄只擧楊歧問荅)

∽ 심문분 선사가 이 칙을 들고 말하였다.

이 세 구절 가운데 한 구절은 마치 흰 옥에 티가 없는 것 같고, 한 구절은 옛 개울에서 바람이 나는 것 같고, 한 구절은 화살이 돌 범을 뚫는 것 같다.

그대들이 가려내면 그대들은 친히 조사를 보았다 허락하리라.

心聞賁 擧此話云 這三句中 一句 如白玉無瑕 一句 如風生古澗 一句 如箭穿石虎 你若辨得 許你親見祖師

대원 문재현은 이 칙을 모두 들고나서 이르노라.

　세 분의 이르심이 마치 한 구슬 속의 세 빛깔과도 같음을 뉘 알
꼬?
　(잠잠히 있다가 주장자를 한 번 치고)
　9년 면벽이 이 속의 것이니라.
　험!

1388칙 유조(幽鳥) / 지저귀는 새 소리가 그윽하고

 본 칙

자명 선사에게 양기 선사가 물었다.

"지저귀는 새 소리가 그윽하고, 떠나는 구름이 어지러이 봉우리로 들어갈 때가 어떠합니까?"

자명 선사가 대답하였다.

"나는 거친 풀섶으로 들어가는데, 그대는 다시 깊은 마을로 들어가는구나."

양기 선사가 다시 물었다.

"관청에는 바늘도 용납되지 않는다지만 다시 한 가지 묻겠습니다."

자명 선사가 할을 하니, 양기 선사도 할을 했다. 자명 선사가 또 할을 하자, 양기 선사도 또 할을 하였다.

이에 자명 선사가 연이어 두 번 할을 하니, 양기 선사가 곧장 절하였다.

慈明 因楊歧問 幽鳥語喃喃 辭雲入亂峯時如何 師云 我行荒草裏 子
又入深村 歧云 官不容針 更借一問 師便喝 歧亦喝 師又喝 歧亦喝
師連喝兩喝 歧便禮拜

♋ 백운단 선사가 대중에게 보이고 이 칙을 들고 말하였다.

대중들이여, 깨달은 뒤에 사람을 만나는 이는 십자 네거리에서 사람을 만나도 천 봉 정상에 있으면서 악수할 줄 알아야 하고, 천 봉 정상에서 사람을 만나도 십자 네거리에서 악수할 줄 알아야 한다.

그러므로 산승이 일찍이 송하기를

다른 이가 머문다는 곳에도 나는 머묾이 없고
다른 이가 다닌다는 곳에도 나는 다님이 없다
사람들과 모이기가 어려워서가 아니라
모두 희고 검음을 밝히기 위해서이다

하였었느니라. 산승이 이번 떠나는 길에 베자루 입을 활짝 열어 일시에 여러분 앞에 흩어 놓았으니, 눈 있는 이는 의심하여 등지지 않는 것이 좋으리라. 잘 있거라.

白雲端 示衆擧此話云 大衆 湏知悟了遇人者 向十字街頭 與人相逢 却在千峯頂上握手 向千峯頂上相逢 却在十字街頭握手 所以 山僧 甞 有頌云

他人住處我不住

他人行處我不行

不是與人難共聚

大都緇素要分明

山僧　此者臨行　解開布俗頭　一時撒在諸人面前了也　有眼底　莫錯怪
好　珍重

◌ 죽암규 선사가 상당하여 이 칙을 들고 말하였다.

대중들이여, 비록 그러나 자식을 길러야 비로소 아비의 사랑을
아느니라. 너그러운 이는 약한 이가 아니고, 약한 이는 너그럽지
못하다.[61] 자명과 양기 부자가 비록 쪼고 쪼이기를 동시에 하는 기
틀은 있으나 쪼고 쪼이기를 동시에 하는 작용은 없구나. 여러분은
알고자 하는가?
 (주장자를 번쩍 집어 들어 한 번 내리치고)
 옥장막을 밤에 엄하게 지키는 군사 물샐 틈이 없는데
 삭풍은 땅을 휩쓸어 변방 구름이 노랗다.

 竹庵珪 上堂擧此話云 大衆 雖然 養子 方知父慈 饒人 不是弱漢 慈
明楊歧 雖然有啐啄同時之機 且無啐啄同時之用 你諸人 要會麼 驀拈
柱杖卓一下云 玉帳夜嚴兵似水 朔風卷地塞雲黃

---

61) 원문에 '요인불시약한(饒人不是弱漢)'이라고 되어 있다. 중국에 '요인불시치한(饒人
不是痴漢)'이란 말이 있다. 이 말은 '사람을 용서하는 사람은 어리석은 사람이 아니
고, 어리석은 사람은 사람을 용서할 줄 모른다.'라는 뜻을 가진 경구이다.

∽ 송원 선사가 상당하여 이 칙을 들고 말하였다.

두 사람, 한 부자가 마치 구슬을 놀리는 것 같아서 손에 닿지도 않고, 땅에 떨어지지도 않으며 허공에 머무르지도 않건만, 또한 현묘하다 하는 것도 없나니, 여기에 어떻게 눈인들 깜박이겠는가? 악!

松源 上堂擧此話云 二人父子 比如弄珠 不觸其手 不墮其地 不住於空 亦無玄妙 介裏如何眨眼 喝一喝

〇 밀암걸 선사의 문답

어떤 선승이 물었다.

"양기 선사가 자명 선사에게 '지저귀는 새 소리가 그윽하고, 떠나는 구름이 어지러이 봉우리로 들어갈 때가 어떠합니까?' 하니, 자명 선사가 '나는 거친 풀섶으로 들어가는데, 그대는 다시 깊은 마을로 들어가는구나.'한 뜻이 무엇입니까?"

밀암걸 선사가 말하였다.

"하늘은 흰 구름과 함께 밝아오고, 물은 밝은 달빛과 합해 흐른다."

선승이 다시 물었다.

"응암 선사가 '두 칠통이 콧구멍을 잃어버렸다.' 하니, 이는 또 무슨 뜻입니까?"

밀암걸 선사가 대답하였다.

"아직 임제를 부축해 일으키지는 못했다."

다시 물었다.

"아까부터의 화상의 그런 말씀은 그를 부축하겠습니까?"

밀암걸 선사가 대답하였다.

"노승도 다시 어쩔 수는 없느니라."

다시 물었다.

"응암 선사는 남이 콧구멍을 잃는 것만 알았고 자기의 눈썹이 몽

땅 빠지는 줄은 몰랐군요?"

밀암걸 선사가 대답하였다.

"어디가 그의 눈썹이 빠진 곳인가?"

선승이 말하였다.

"특별한 한 바탕 근심입니다."

이에 밀암걸 선사가 할을 하니, 선승이 말하였다.

"만일 부자 사이가 지극히 친하지 않으면 어찌 낱낱이 참된 마음임을 알겠습니까?"

밀암걸 선사가 말하였다.

"상좌가 또 잘못 알았도다."

선승이 다시 물었다.

"양기 선사가 '관청에는 바늘도 용납되지 않는다지만 다시 한 가지 묻겠습니다.' 하였는데 자명 선사가 할을 하였으니, 이는 또 무슨 뜻입니까?"

밀암걸 선사가 말하였다.

"모두가 칠통의 견해이니라."

다시 물었다.

"양기 선사가 할을 잘 했거늘 자명 선사도 할을 했고, 양기 선사가 또 할을 하니 자명 선사가 연거푸 두 할을 하자, 양기 선사가 곧 절을 했습니다. 이는 또 무슨 뜻입니까?"

밀암걸 선사가 대답하였다.

"삼생·육십 겁이니라."

선승이 절을 하였다.

密庵傑 因僧問 楊歧問慈明 幽鳥語喃喃 辭雲入亂峯時如何 明云 我
行荒草裏 汝又入深村意旨如何 師云 天共白雲曉 水和明月流 進云
應庵 道兩家漆桶 失却鼻孔 又作麼生 師云 要且扶臨濟不起 進云 昔
來和尙恁麼道 還扶得也無 師云 老僧 更是不奈何 進云 應庵 只知他
人失却鼻孔 不知自家落盡眉毛 師云 那裏是他落盡眉毛處 進云 特地
一場愁 師便喝 進云 若非父子至親 爭得赤心片片 師云 上座又錯會
了 進云 楊歧道官不容針 更借一問 慈明 便喝 又作麼生 師云 擦是
漆桶見解 進云 楊歧云 好喝 慈明 又喝 楊歧亦喝 慈明 連喝兩喝 楊
歧便禮拜 又作麼生 師云 三生六十劫 僧禮拜

대원 문재현은 이 칙을 모두 들고나서 이르노라.

옛날 흥화 선사와 민덕 장로 간에 있었던 네 번의 '할'[62]을 알아
야 이 두 분의 할을 말할 수 있다 하리라.
필경 두 분을 알고 싶은가?

불 속의 나무소는 장구치고
뜰 아래 무쇠말은 노래하며
돌사내 덩실덩실 춤이로세

---

62) 도서출판 문젠의 『영원한 현실』 참조

1389칙 경제(莖韲) / 한 가닥 나물

 본 칙

균주 흥교 수지 화상이 상당하여 말하였다.

"여럿이 모여서 나물을 먹는데 만약 한 가닥 나물이라고 하면 쏜 살같이 지옥에 들어가리라."

筠州興敎守芝和尙　上堂云　大家相聚喫莖韲　若喚作一莖韲　入地獄
如箭射

ᢙ 송원 선사 송

죽이고 살리는 온전한 기틀을 목전에 들어 보임이여
여럿이 모여서 나물을 먹는다네
후생들 이 뜻을 깨닫지 못하고
공연히 분주하게 썩은 등걸만 두드리네

松源 頌
殺活全機覿面提
大家相聚喫莖齋
後生不省這箇意
只管忙忙打野�

ଚ 묘지곽 선사가 상당하여 이 칙을 들고 말하였다.

  그 노장이 그때에 납승의 몸을 굴리는 구절이 있었음을 알았다면
여러분 모두는 물 한 방울도 먹은 적도 없었을 것이다.
  무슨 까닭인가? 듣지 못했는가? 우의 힘[63]도 미치지 못하는 곳에
황하의 소리가 서쪽을 향해 흐른다.[64]

  妙智廓 上堂擧此話云 這老漢 當時 若知有衲僧轉身句 汝等諸人 水
也無一滴喫 何故 不見道 禹力不到處 河聲 流向西

---

63) 우왕(禹王)은 치수(治水)를 한 왕이다.
64) 황하는 동쪽으로 흐른다.

대원 문재현은 이 칙을 모두 들고나서 이르노라.

‘한 가닥 나물이라 하면’ 이 말을 잘들 들어야 할 것이다. 알겠는
가?
(잠잠히 있다가)
(주장자를 떨쳐 메고 서 있다가)
험!
(방으로 돌아가다.)

1390칙 거해(鉅解) / 저울추를 톱으로 켠다

 본 칙

대우지 선사에게 어떤 선승이 물었다.
"어떤 것이 부처입니까?"
대우지 선사가 말하였다.
"저울추를 톱으로 켠다."

大愚芝因僧問 如何是佛 師云 鉅解秤鎚

○ 장산전 선사 송

저울추를 톱으로 켠다 함이여
별이 날고 번개가 친다
좌로 켜고 우로 켬이여
산산조각이 났네
때로는 땅에 떨어져 사람들 다니는 것을 막지만
눈이 천 개인 관음이 봐도 보이지 않네

蔣山泉 頌
鉅解秤鎚
星飛電轉
左拽右拽
七片八片
有時落地导人行
千眼大悲看不見

∽ 보녕수 선사 송

저울추를 톱으로 켠다 함이여
산산조각일세
달마가 서쪽에서 옴이여
하나의 반만을 얻었다
그 나머지 반이여
후인에게 남겨 두어 저울쟁반을 치게 했네

保寧秀 頌
鉅解秤鎚
七片八片
達磨西來
只得一半
那一半
留與後人盤撲

∽ 운문고 선사 송

부처가 무엇인가? 하니
종사가 곧 답했네
저울 추를 톱으로 켠다 함이여
말 밖에서 미혹한 무리를 제도함일세

雲門杲 頌
問佛如何是
宗師卽便酬
秤鎚將鉅解
言外度迷流

∽ 죽암규 선사 송

저울추를 톱으로 켠다 함이여, 완전 무쇠 같거늘
대우 노인이 거듭 떠듦일세
물은 개울 아래로 몹시 바쁘게 흐르고
구름은 산마루에 한가히 걸렸네

竹庵珪 頌
鉅解秤鎚渾似鐵
大愚老子重饒舌
水流澗下大忙生
雲在嶺頭閑不徹

ᨀ 열재 거사 송

용이 구름과 비를 얻고
독수리가 가을 하늘에 떴다
방안의 벽 위에 걸어 두나
반 푼어치도 안 되네

悅齋居士 頌
蛟龍得雲雨
鵬鶚在秋天
掛在屋壁上
不直半文錢

∽ 보녕수 선사가 이 칙을 들고 말하였다.

저울추를 톱으로 켠다 함이여, 산산조각났네.
척척 들어맞을지라도 얼굴과 머리에 재일세.
(주장자를 집어 들고)
서현이 오늘 저울대가 손 안에 있으니, 여러분들에게 평소에 '나
의 왼쪽 눈이 반 근이요, 오른쪽 눈이 여덟 량'이라 했는데, 말해보
라. 석가 노인의 콧구멍의 무게가 얼마나 되는가?
(잠잠히 있다가)
저울눈을 잘못 알지 말고, 갈고리 끝의 뜻을 알아들으라.

保寧秀 拈 鉅解秤鎚 七片八片 築着磕着 灰頭上面 乃拈柱杖云 捿
賢 今日 權衡 在手 你諸人 尋常惣道 我左眼半斤 右眼八兩 且道 釋
迦老子鼻孔 重多少 良久云 莫認定盤星 領取鉤頭意

대원 문재현은 이 칙을 모두 들고나서 이르노라.

저울추를 톱으로 켠다 함을 보려는가?
노승이 노을 지고 산에 든다

동자는 달려와서 인사하고
다람쥐도 담장에서 합장하네

이 정적에 저녁의 대종소리
숲바다에 은은히 번지누나

1391칙 로아(盧芽) / 갈대 싹이 무릎을 뚫느니라

 본 칙

서주 법화산 제거 화상에게 어떤 선승이 물었다.
"어떤 것이 부처입니까?"
법화 선사가 대답하였다.
"갈대 싹이 무릎을 뚫느니라."

舒州法華山齊擧和尙 因僧問 如何是佛 師云 盧芽穿膝

∽ 해인신 선사 송

손 닿는 대로 번개치듯 들어 보임이여
온전한 기틀에 큰 작용이 질풍 같네
근기에 맡긴 한 구절의 소식을 통하려는가?
새벽의 원숭이가 어지럽게 봉우리에서 운다

海印信 頌
信手拈來如掣電
全機大用疾如風
放行一句通消息
後夜猿啼在亂峯

대원 문재현은 이 칙을 모두 들고나서 이르노라.

운문은 똥 막대로 보였고
동산은 마 서 근을 드셨으며
대원은 옷소매로 일렀다네

1392칙 구괘(口掛) / 삼세의 부처님들도 입을 벽에다 걸었는데

 본 칙

법화 선사가 대중에게 보이고 말하였다.

"삼세의 부처님들도 입을 벽에다 걸었는데, 천하의 노화상들이 어떻게 방편을 베풀어 펴며, 여러분은 다음 날 어떻게 들어 보이겠는가? 산승의 이런 말도 마치 오랜 세월 두꺼운 입술로 수치를 모르는 것 같네."

法華 示衆云 三世諸佛 口掛壁上 天下老和尙 如何措手 你諸人 他日 如何擧 山僧恁麽道 大似久日樺來脣

⮜ 죽암규 선사가 이 칙을 들고 말하였다.

들어 보이는 자는 마치 구부려 장물을 안고서 외치면서 스스로
상투를 잡아끌고 관청에 드는 것과 같다.
산승이 오늘 조항에 의거해 판결을 내리리라.
조항이 있으면 조항에 의거하고, 조항이 없으면 판례에 의거한다.
악!
(불자를 던지다.)

竹庵珪 擧此話云 擧道者 大似抱贓叫屈 自把持髻投衙 山僧 今日
據款結案 有條攀條 無條攀例 喝一喝 擲下拂子

대원 문재현은 이 칙을 모두 들고나서 이르노라.

어느 것도 이것에서 비롯하지 않음 없어
일상이 공겁 이전 아님 없으며
공겁이 일상 아님 없음으로 이렇네

집집마다 무쇠나무 향기로 가득하고
나무사람 멋스런 노래와 춤이여
이러-히 신령스런 광명의 전능일세

1393칙 부동(不東) / 동쪽도 아니요 서쪽도 아니다

 본 칙

홍주 운거산 도제 선사에게 법등 선사가 물었다.

"아까 어떤 선승이 와서 '어떤 것이 조사께서 서쪽에서 오신 뜻입니까?' 하니 노승이 그에게 '동쪽도 아니요 서쪽도 아니다.' 했는데 장주의 뜻은 어떤가?"

도제 선사가 대답하였다.

"동쪽도 서쪽도 아닙니다."

이에 법등 선사가 웃으면서 말하였다.

"그렇게 알아서야 또 어찌하겠는가?"

도제 선사는 그때 그 뜻을 모르고 있다가 저녁이 되어서 다시 가서 물으니, 법등 선사가 말하였다.

"그 집에는 원래 자손이 있느니라."

도제 선사는 이 말 끝에 활짝 깨닫고 다음과 같이 송하였다.

중생을 제접해서 이롭게 함이 절묘함이여
언행으로 내는 것 끝내 같지 않다 하나

저 집에 스스로 자손이 있음이여
앞으로 부리기에 딱 좋으니라

洪州雲居山道齊禪師 因法燈問 適來有人 問 如何是祖師西來意 老
僧 向伊道不東不西 藏主 作麼生 師云 不東不西 燈笑云 恁麼會又爭
得 師當時 莫知其旨 至晚 再伸請益 燈曰 他家 自有兒孫在 師於言
下頓然契悟 乃有頌曰
　接物利生絶妙　　外生終是不肖
　他家自有兒孫　　將來使用恰好

∽ 대홍은 선사 송

저 집에 스스로 자손이 있다 함이여
조상의 논밭을 전혀 아낌이 없었구려
평생의 살 계책이 찰나 사이에 있음이여
동쪽에서 사다가 서쪽에서 팔도다

大洪恩 頌
他家自有兒孫在
父祖田園都不愛
平生活計刹那中
東頭買得西頭賣

⌒ 보녕용 선사 송

서쪽에서 오신 조사의 뜻, 동쪽도 서쪽도 아니라 함이여
원숭이와 새들이 봄이 깊어지니, 나무 안고 노래하네
얼마나 많은 행인, 헛되이 슬퍼하며 바라보았던가
청산은 높이 솟았고 백운은 낮도다

保寧勇 頌
西來祖意不東西
猿鳥春深抱樹啼
多少行人空悵望
靑山孤聳白雲低

∽ 지해청 선사가 장주에게 감사함을 표하기 위해 상당하여 이 칙을 들고 말하였다.

선덕들아, 저 제 장주를 보라. 자기의 가사와 도첩(승려증명서) 밑에서 특별한 하늘과 땅을 활짝 열었다. 법등 노장이 법을 완곡히 굴린 것은 사람을 구하기 위함이나, 곧장 온몸이 흙탕물 투성이가 되었다. 말해보라. 끝내 힘 얻은 일이 어떠한가?

(잠잠히 있다가)

남종과 북조가 모두 이러하니, 하늘과 인간에서 다시 누구에게 물으랴.

(선상을 치다.)

智海淸 謝藏主 上堂擧此話云 諸禪德 看他齊藏主 向自己衣單之下 擴開特地乾坤 法燈老 爲法宛轉求人 直得渾身泥水 且道 畢竟得力底 事 又作麽生 良久云 南宗北祖皆如此 天上人間更問誰 擊禪床

대원 문재현은 이 칙을 모두 들고나서 이르노라.

답으로 물어오는 분에게는
묻는 것이 답이라 말할밖에
그래도 모른다면 남산이다 하리라

1394칙 일진(一塵) / 한 티끌이 곧 가없는 분상이거늘

 본 칙

대홍 개산 은 선사에게 투자청 화상이 물었다.

"'한 티끌이 곧 가없는 분상이거늘 무슨 뜻에 맞는 법이 따로 있
으리오.' 했으니, 어떻게 생각하는가?"

대홍 선사가 규봉의 주석에 의해 대답하니 투자 선사가 말하였
다.

"참으로 이것은 스스로 깨달아야 된다."

대홍 선사는 나중에 물을 퍼올려 얼굴을 씻다가 홀연히 크게 깨
달았다.

大洪開山恩禪師 因投子青和尙 問 一塵卽無涯分 何有法之當情 作
麽生會 師依圭峯注祇對 青云 湏是自悟 始得 師後因捧水洗面 忽然
大悟

∽ 정엄수 선사 송

본체가 드러나 분명하여 티끌 한 점 없음이여
티끌 속의 법계가 한량 없고 끝이 없네
가없는 누리가 털끝 위에 있음이여
범부과 성인 모두 병든 눈의 헛꽃일세

淨嚴遂 頌
體露分明絶點瑕
塵中法界量無涯
無邊刹海毫端上
凡聖都如病眼花

대원 문재현은 이 칙을 모두 들고나서 이르노라.

당시에 대원이라면 차나 들며 쉬시라 했을 것이다.

분별일랑 일으키질 말아라
이러-히 청정한 본연이라
7 7은 어찌해도 49일세

1395칙 득자(得自) / 스스로 얻은 뒤로 짝할 것 없네

 본 칙

대홍 선사가 상당하여 주장자를 들어 세우고 말하였다.
"천태산에서 스스로 얻은 뒤로 짝할 것 없네. 원래부터 잎도 없고 뿌리마저 없으나 때로는 끊어진 다리를 부축하여 물을 건네주니, 몇 번이나 짝이 되어 달 밝은 마을로 돌아왔던가. 그러나 그냥 놔두어서는 안 된다."
(선상을 한 번 치다.)

大洪 上堂 拈起拄杖云 得自天台絶比倫 從來無葉又無根 有時扶過 斷橋水 幾度伴歸明月村 然雖如是 也不得放過 擊禪床一下

∞ 단하순 선사 송

이 주장자는 하늘이나 땅에서도 얻은 것이 아니나
산에 오르고 물을 건널 때, 그의 힘을 입는다
지금 어지러운 봉우리로 던지니
총림에서 법칙을 삼는 일, 없게 하리

丹霞淳 頌
此杖不從天地得
登山涉水承渠力
如今擲向亂峯前
免致叢林爲軌則

대원 문재현은 이 칙을 모두 들고나서 이르노라.

옳기는 옳으나 아닐세.
(주장자를 높이 올렸다 던지고)
험!
(자리를 뜨다.)

1396칙 금봉(金鳳) / 금봉은 밤이 되자 그림자 없는 나무에 깃들고

 본 칙

영주 대양산 해 선사에게 어떤 선승이 물었다.
"스님은 누구의 노래를 부르며, 종풍은 누구의 뒤를 이었습니까?"
대양 선사가 대답하였다.
"금봉은 밤이 되자 그림자 없는 나무에 깃들고, 봉우리가 드러나자마자 바다가 구름에 덮인다."

郢州大陽山楷禪師 因僧問 師唱誰家曲 宗風 嗣阿誰 師云 金鳳 夜棲無影樹 峯巒纔露海雲遮

∽ 단하순 선사 송

한가로이 물음에 응함이 그 어찌 늘어놓음이랴
한 구절로 온전히 제창하여 숨고 드러남을 갖추었네
옅은 안개 멀리 희미하게 옛 길을 덮고
높은 봉우리는 끝내 끝을 볼 수 없구나

丹霞淳 頌
等閑應問豈安排
一句全提隱顯該
薄霧依依籠古徑
孤峯終不露崔嵬

대원 문재현은 이 칙을 모두 들고나서 이르노라.

(주먹을 쥐었다가 펴 보이며)

잘 보고 잘 전하라.

1397칙 야반(夜半) / 한밤에도 참으로 밝으니

 본 칙

대양 선사에게 어떤 선승이 물었다.

"'한밤에도 참으로 밝으니, 환한 햇빛 아래라고 드러나는 것이 아니다.' 하니, 어떤 것이 드러나는 것이 아닌 일입니까?"

대양 선사가 대답하였다.

"빈 배 가득히 달빛이 실려 있고, 어부는 갈대꽃 속에서 자느니라."

大陽 因僧問 夜半正明 天曉不露 如何是不露底事 師云 滿舡空載月
漁父宿蘆花

∽ 단하순 선사 송

유성이 떨어지는 물나라는 밤에 등불을 사르는 듯
하늘의 달, 강에 비침은 밝기가 거울 같네
숨거나 드러남에 삿됨 없으면 위의를 갖출 것도 없고
분명하지 못하게 헤아려 움직이려 하면
치우침과 바름을 이루리라

丹霞淳 頌
星流水國夜燃燈
月印江天明似鏡
隱顯無私位不該
依俙擬動成偏正

대원 문재현은 이 칙을 모두 들고나서 이르노라.

동산은 나즈막한 양지고
서산은 높지만 음지일세
험!

가슴으로 부르는 불심의 노래

대원 문재현 선사님 작사

여기에 실린 것들은 모두 대원 문재현 선사님께서 직접 작사하신 곡들이다.

　수행의 길로 들어서게끔 신심, 발심을 북돋아주는 곡으로부터 수행의 길로 접어든 이의 구도의 몸부림이 담겨있는 곡, 대승의 원력을 발해서 교화하는 보살의 자비심과 함께 낙원 세계를 누리는 풍류를 그려놓은 곡까지 가사 한마디, 한마디가 생생하여 그 뜻이 뼛속 깊이 새겨지고 그 멋에 흠뻑 취하게 된다.

　대원 문재현 선사님께서는 거칠고 말초적인 요즘의 노래를 듣고 이러한 정서를 순화시키고자, 또한 수행의 마음을 진작시키고자 하는 뜻에서 이 곡들을 작사하셨다.

서 원 가

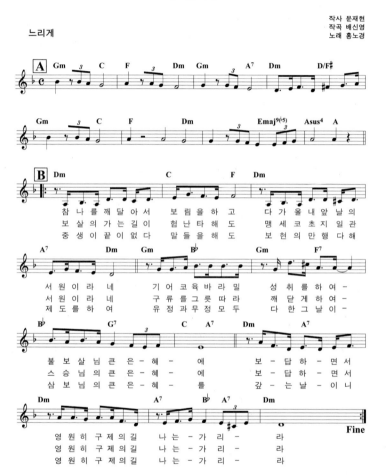

작사 문재현
작곡 배신영
노래 홍노경

느리게

A Gm C F Dm Gm A⁷ Dm D/F#

Gm C F Dm Emaj9(♭5) Asus⁴ A

B Dm C F Dm

참 나 를 깨 달 아 서　보 림 을 하 고　다 가 올 내 앞 날 의
보 살 의 가 는 길 이　험 난 타 해 도　맹 세 코 초 지 일 관
중 생 이 끝 이 없 다　말 들 을 해 도　보 현 의 만 행 다 해

A⁷ Dm Gm B♭ Gm F⁷

서 원 이 라 네　기 어 코 육 바 라 밀　성 취 를 하 여 –
서 원 이 라 네　구 류 를 그 릇 따 라　깨 닫 게 하 여 –
제 도 를 하 여　유 정 과 무 정 모 두　다 한 그 날 이 –

B♭ G⁷ C A⁷ Dm A⁷

불 보 살 님 큰 은 – 혜 – 에　보 – 답 하 – 면 서
스 승 님 의 큰 은 – 혜 – 에　보 – 답 하 – 면 서
삼 보 님 의 큰 은 – 혜 – 를　갚 – 는 날 – 이 니

Dm A⁷ B♭ A⁷ Dm

영 원 히 구 제 의 길　나 는 – 가 리 – 라
영 원 히 구 제 의 길　나 는 – 가 리 – 라
영 원 히 구 제 의 길　나 는 – 가 리 – 라

Fine

반조 염불가

작사 문재현
작곡 배신영
노래 홍노경

느리게

님께-서 베푸신 자비의 은혜 오늘
본래-에 드러난 나인걸 몰라 낙원

도 감사한맘- 어-찌- 잊으리니
을 고해로서- 사-는- 삶이니

가르침 따름만- 이 살길이란 다짐으로 간
가르침 따름만- 이 살길이란 다짐으로 반

절 히시시때때 회광반조 아-미 타불- 백-
조 의아미타불 나도잊은 삼-매의앎- 깨-

팔 염주일상화로 기어이- 크게깨쳐 크나
달 기에좋은때니 기어이- 원을이뤄 금생

큰- 님-의은혜 갚으리라아미타- 불-
에- 구-제중생 불은갚길아미타- 불-

Fine

소중한 삶

작사 문재현
작곡 배신영
노래 홍노경

(모데라토) ♩ = 100

소중
불법

A

B

한   나날들을 아끼 면서 사랑으로 베풀
은   영원하고 행복한 삶 회복하려 노력

며 사노라면 삶이란 고해만은- 아니리 라
하는 길-이니 우리의 삶 앞날은- 밝으리 라

고운 시선- 고운 말로- 어울- 려-
좋은 마음- 좋은 말로- 감 싸- 주고-

격려하며- 힘든 삶- 극- 복 하 면
삶- 속에- 불법을- 실- 천 하 면

좋은 업- 좋은 날- 약속이아니던 가
영원하고- 행복한 삶- 약속이아니던 가

Fine

석가모니불

작사 문재현
작곡 배신영
노래 홍노경

국악가요

맹서의 노래

작사 문재현
작곡 배신영
노래 홍노경

느리게

A 한 사연들로 부르는 관음 보-살 다시

B 는 다시는 맹서 하는-관음 보-살 광명

의 삶-영원한 삶으로-오 는 날들-님

과 같-기 서원 합-니다-

업 연의 사연 들-로 부-르는-관음 보살-다시

는 다-시-는 맹-서 하-는-

관음-보살 베품 의삶-구제의 삶으로오 는날들-

님과 같기 서원 합니다- 광명

Freely 삶으로오 는 날-들 님과 같기 서원 합니다-

가슴으로 부르는 불심의 노래 387

염원의 노래

작사 문재현
작곡 배신영
노래 홍노경

느리게

가- 그언젠- 가- 내 살던- 이곳이 - 잡-
노을- 빛속에- 눈 감고서서서 - 덧-

초에- 덮였으- 니 연-못과 누대는 어디메냐 - 짙은
없는- 인생사- 를 깨-워

주리라맹세하 네 사람과 사람마다- 영 원한한물건 -
꽃피어화려함은- 우 리님맘이요 -

본래 에 지녔으 니 모래알진주를이루듯이 오늘의고뇌를 - 미-
곳곳의화평함은- 우리님억겁의서원이라 우주법계모두 가 성-

소 로 인 고 하 며 보- 배를 이-뤄가 는 희망
품- 의 - 낙원 거- 룩한소 - 원성 취 노래

으 로 살 아 가 세
로 써 불 려 져 라

Fine

음성공양

작사 문재현
작곡 배신영
노래 홍노경

느리게

발 심 가

작사 문재현
작곡 배신영
노래 홍노경

보사노바

A C　　　　　G　　　　　Am　　　　　F

C　　　　　Am　　　　　Dm⁹　　　　　G

B C　　　　　Am　　　　　Dm⁹　　　　　G

우 - 리 네 한 세 상 -　　보 람 찬 삶 - 으로 -
참 - 나 를 깨 달 아 -　　보 림 을 하 - 고 요 -
본 - 연 - 한 몸 의 -　　능 력 을 베 - 풀 어 -
눈 - 깜 박 하 는 새 -　　한 세 상 다 - 가 고 -

C　　　　　Am　　　　　Dm　G　　　　　C

바 꾸 기 위 - 하 여 -　　닦 아 들 봅 - 시 다 -
자 비 심 발 - 하 여 -　　구 제 길 나 - 서 서 -
극 - 락 세 - 계 -　　장 엄 을 하 - 구 요 -
부 귀 와 공 - 명 은 -　　잠 시 의 꿈 - 이 라 -

F　　　　　G　　　　　C　　　　　G

청 춘 - 홍 안 이 -　　얼 마 나 길 - 던 가 -
중 생 들 세 계 에 -　　고 통 을 없 - 애 어 -
동 실 - 두 동 실 -　　누 리 기 위 - 하 여 -
이 러 한 되 풀 이 -　　금 생 에 끝 - 내 어 -

F　　　Am　　　G　　　A/C　　C　　G7⁽♭⁹⁾

꿈 꾸 는 사 - 이 에 -　　백 발 이 된 - 다 네 -
극 락 이 되 - 도 록 -　　최 선 을 다 - 하 세 -
오 늘 의 어 - 려 움 -　　극 복 을 해 - 내 세 -
윤 회 의 사 슬 에 서 -　　벗 어 나 납 - 시 다 -

1-2절 D.C
3-4절

자비의 품

작사 문재현
작곡 배신영
노래 홍노경

느리게

자 대비보살 의 사 랑 알지못 하고-
자 대비보살 의 사 랑 자비의 품을-

외 면한 저중생 들을- 그래도가- 없어-
떠 나간 저중생 들을- 저리도애- 타게-

잊- 지못 하는 그 진한- 마음 모른
부르고부르는 절절한- 마음 새기

체 하고- 업따라 갈수가있- 나- 아- 아 하늘땅
고 새기면- 업따라 갈수가있- 나- 아- 아 하늘땅

사 이- 다시 또 없는 자비의 품에- 어서돌아 와
사 이- 다시 또 없는 자비의 품에- 어서돌아 와

감 로수 에 소- 원이루- 라-   Fine
감 로수 에 소- 원이루- 라-

부처님 은혜 1

작사 문재현
작곡 배신영
노래 홍노경

느리게

노을이 짙고 새둥-지- 찾 을땐- 부처 님의 절절한- 말씀 생각이 나고

눈에이슬 맺힌채- 참 회 기도- 명 상으로써 억 겁업을-

재우노 라면 구름그늘- 서늘한바 람 불어옴을-맞음 이랄까-

상쾌하고 확 트인 가 슴- 희망의 미- 소

입가에 번 지- 고 콧노래 가절로 흘러나 온다- 고맙

습 니다- 참 고맙습니 다 더없이큰 부처 님은 혜

구류중 생을- 구제함으로 써 갚는것이 서원- 입 니 다 서 원

향 해- 뛸- 것-입니 다- 서원향 해 다할것입니- 다-

Fine

보살의 마음

작사 문재현
작곡 배신영
노래 홍노경

느리게

파 - 도에 실려 떠가 는 낙엽같이 살아가는 인생 -
구원코자 - 따라주 며 같이 하는 자 - 비인데 -

제 안경에 보인대 로 말들 - 하 - 지 - 만 -
눈이멀고 귀가먹은 저들 - 이 - 지 - 만 -

못 들은척 - 모르는 척 최 - 선 - 다 하 - 리
황소 처럼 - 지장처 럼 최 - 선 - 다 하 - 리

바 - 른눈 바 - 른맘 통쾌 - 히 열어라 -
지 - 혜눈 지 - 혜맘 통쾌 - 히 열어라 -

아 - 아 아 - 아 그 - 날 - 이 -
아 - 아 아 - 아 그 - 날 - 이 -

그 - 날 이 오기만을 기 다 리는 마 - 음 -
그 - 날 이 오기만을 기 다 리는 마 - 음 -

이 생에 해야 할일

작사 문재현
작곡 배신영
노래 홍노경

구도의 목표

작사 문재현
작곡 배신영
노래 홍노경

느리게

눈 뜨면 관음 우러 러 보문을 따르며- 하

루 하루 를 최 선- 다 하 는 일 에

언 제 나 떳떳한불 자 로 서원코큰은혜 갚는 보 살 행-

대자대 비 를- 베- 풀 어 어 느 때 어 느곳 그 무엇- 가 리지않는

이 - 로- 제 - 일 의- 사 표가 될 것을 목표로삼 을

겁 니 다 아 아 사 바 의세 계 가

다 하 는 - 그 날 까 지

님은 아시리

작사 문재현
작곡 배신영
노래 홍노경

사계 절의– 풍광 인들– 위로 되–겠–니
같이– 되지 않아– 기 도 에 젖–은

– 서 사 시 의– 음 률 인 들– 쉬–어 지–겠–니– 뜻과
이

마 음– 님 은– 아 시 리– 한 세 상 열
청 춘 의 모

정 쏟아 닦는수 행길– 불보살님출현하셔베
든 욕 망 사뤄버리고– 회광반조촌 각 아 낀 열

푼 자–비–에– 모 든 망 상– 모– 든 번–
정 쏟아서– 이룬 선정– 그– 효 력–

뇌 없었으 면 좋으런 만 마음대로– 안되는게– 수행이더
이 있었으 면 좋으런 만 마음대로– 안되는게– 보림이더

라 수행이 더라 – 마음대로– 안되는게– 수행이더 라 수행이 더라–
라 보림이 더라 –

D.S. al Coda

Fine

부처님 은혜 2

작사 문재현
작곡 배신영
노래 홍노경

느리게

낙엽이지고국향-이 질을땐- 부처님의고고한- 말씀 법계화되고

대승보살 나투어 -그릇 따라- 베푼법문에 만난사-람-

모두가 깨처 두타보림-수행을하여 있는그곳-극락 이어서-

걸음걸음 상쾌한가슴- 입가에미-소

언제나번-지-는 대자유삶누릴지어-다- 고맙

습니다-참-고맙습니다 촌각인들 부처님은혜

그어찌 한들- 잊을날있으리 불은갚는그날-까지는 서원

향해-뛸-것-입니다- 서원향해다할것입니-다-

Fine

성중성인 오셨네

(초파일노래)

작사 문재현
작곡 배신영
노래 홍노경

음력 사월 초 - 파일은 - 온누리의 제 - 일이신 - 성중
음력 사월 초 - 파일은 - 온누리의 제 - 일이신 - 성중

성인 - 부 - 처 님이 - 이땅 위에 오 - 신 - 날 - 괴로
성인 - 부 - 처 님이 - 이땅 위에 오 - 신 - 날 - 너를

움을 낙원으로 - 어두움을 - 광명 으 - 로 바꾸
알란 그가르 - 침 - 펼치 려고 - 오심 이 - 니 자아

려 - 는 숙 - 원 - 을 시작하 신날 - 너 나 없 이 모두
완 - 성이룩 - 해 우리이 땅 - 이대로 를 낙원

함께 - 경축하 세 모두 함 께경축하 - 세 - 모두
으로 - 누려보 세 낙원 으로누려보 - 세 -

함 께 경 축 하 - 세 -

내 문제는 내가 풀자

작사 문재현
작곡 배신영
노래 홍노경

즐거운 밤

작사 문재현
작곡 배신영
노래 홍노경

관 음 가

작사 문재현
작곡 배신영
노래 홍노경

조금빠르게 ♩ = 130

꽃을 보아도 먼 산을보아도 그리움그리 움이 - 더 해-
진 관 세 - 음 관 세 음 은 -
포 - 근 한 아 - 아 - 품이 - 랍 니 - 다 -
기 쁠 때에 도 어 려울 때에 도 자 애
로 다 가 오 셔 - 서 힘 - 이 되 -
신 관 - 세 음 관 세 음 은 - 포 근 한 - 품 - 이 랍 니
- 다 -

부 처 님

작사 문재현
작곡 배신영
노래 채연희

이 슬방울의 아 침햇빛보다 -

영 롱한 님이 시 고 - 금 구슬에 - 반 짝이는 -

빛 보 다 아 름 다운 님이 시 며 -

보 석의 찬란한 빛 보 다 눈 부 신 님이시기 에 생각

만 하여도 설 레 이 고 이 름 만 들어 도 행 복 한 님

영 원 한 우 리 들 의 님 이 십 - 니 - 다

열반재일

작사 문재현
작곡 배신영
노래 채연희

Slow GoGo ♩ = 86

인연다함- 아시기에- 구제방편- 거두시어-
대자대비- 거룩하신- 가르치심- 이세상에

열반드신- 그자재는- 그누구가- 흉내인들-
길이길아- 펼처져서- 그언젠가- 이고해가

내오리까- 오고감을 뜻대로한
낙원으로- 되는날을 믿는마음

거-룩함에 정 례 합니다 정
우-러러서 정 례 합니다 정

례 합-니 다-
례 합-니 다-

Fine

성도재일

작사 문재현
작곡 배신영
노래 채연희

석굴암의 노래

작사 문재현
작곡 배신영
노래 채연희

그 윽히 내려 트인 / 높고 높은 산 기 슭에
태초의 이 마 음 이 / 무 명으로 경계 이뤄

명 월보다 밝은 모 습 / 근 엄도 하 셔 라 뵈옵
꿈 의 세상이어 져서 / 이런 삶 됐 지 만 거룩

는 그 순 간 티 끌번 뇌 / 사 라지 니 한 없
한 가르 침 깊 이새 긴 / 실 천으 로 일 상

이 고요하 여 / 지-순 한 마음일 세 / 이 마음
의 시시때 때 / 생활화 가 되는그 날 / 이 세상

속세에 있을 때 도 / 지 속 되 면 / 거 치른 이 세상도 태평세
이대로가 정 - 토 의 / 세 상 되 어 / 노래와 춤으로써 길이길

계 될것일 세
이 즐길걸 세

D.C.　　　　Fine

님의 모습

작사 문재현
작곡 배신영
노래 채연희

합 장 속 의   봉 - 화 처 럼
대 자 비 의   육 - 신 통 을
님 의 모 습 그 - 위 력 에

나 타 나 신   모 -   습
갖 춰 나 툰 모 -   습
보 림 이 룬 마 -   음

사 색 속 의   태 - 양 처 럼
우 리 들 의   온 - 갖 소 원
님 의 모 습 나 - 툰 찰 나

나 타 나 신 - 모 -   습
이 뤄 주 신 - 모 -   습
둘 이 아 닌 - 마 -   음

아 -   아 -   미 소 속 - 의
아 -   아 -   백 천 삼 매
아 -   아 -   님 의 모 - 습

무 지 개 를 　　　타 － 고 　나 － 툰 － 모 －
나 에 게 서 　　　깨 － 워 　주 － 신 － 모 －
그 대 로 가 　　　유 － 마 　묵 － 연 － 마 －

습
습
음

Fine

믿고 따르세

작사 문재현
작곡 배신영
노래 채연희

고 - 해일 - 러　　낙원이라 한　　불보-살님그- 말씀 의
참 - 나 깨 - 친　　밝은지혜 로　　선행-닦아사- 상없 는

진 실한 경지　알 려-거든　　보고 듣는　　그곳 향해
일 상의 생활　이 루-는 날　　고해 일러　　낙원 이란

명 - 상하 - 게　　명 상-으로분- 별
말 - 씀 의 -　뜻　　내 - 뜻-되 - 어

망 상 없 - 어 지　고　　고 요 로 움　　극 해 지 면
큰 웃 음 을 - 껄 껄 짓　고　　대 장 부 로　　삼 계 구 할

불 멸 의 나　깨 - 치　네
서 원 세 워　행 - 하　리

Fine

신명을 다하리

작사 문재현
작곡 배신영
노래 채연희

부처님께 바치는 마음

작사 문재현
작곡 배신영
노래 채연희

감사합니다

작사 문재현
작곡 배신영
노래 채언희

Polka ♩ = 122

감사합니다　환영합니다　이땅위에오신것을 -
나를깨우려　대자대비로　이땅위에오셨기에 -

축하합니다　경축합니다　성중성인오신것을 -
우리모두가　감사함으로　우러러서받듭니다 -

손에손을 -　서로잡고 -　모두함께　즐거워서 -
손에손을 -　서로잡고 -　노래하고　춤을추며 -

발걸음도 -　가벼웁게 -　춤을춥 - 니다 -
나날마다 -　오늘같길 -　기도합 - 니다 -

춤을춤 - 니다 -
기도합 - 니다 -

To - A ② no rep

교 화 가

작사 문재현
작곡 배신영
노래 채연희

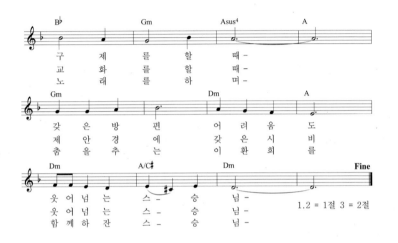

구 제 를 할 때 —
교 화 를 할 때 —
노 래 를 하 며 —

갓 은 방 편 어 려 움 도
제 안 경 에 갓 은 시 비
춤 을 추 는 이 환 회 를

웃 어 넘 는 스 — 승 님 —
웃 어 넘 는 스 — 승 님 —
함 께 하 잔 스 — 승 님 —

1.2 = 1절 3 = 2절

섬진강 소초

작사 문재현
작곡 배신영
노래 채연회

광양-포구 팔십-리의 거룻배에몸을신 고
하동-포구 팔십-리에 거룻배를띄워놓 고

석양노을 고운빛에 물새도맘읽누 나
노을들어 법문하니 어우러진웃음이 네

광양하동 어우름의 한결같은섬진강 은
이위력이 세상그늘 모두거둬열린세 상

머언머언 그날에도 오늘처럼-흐르리 라
평등낙원 누림으로 노래하며-살게되 리

우리도저런맘 길이지녀 누리머사 세
그날을위한삶 모두함께 노력해사 세

Fine

권 수 가 1

작사 문재현
작곡 배신영
노래 채연회

아 니 아 니 - 닦 지 는 못 하 리 라 -　　일 분 과 일 각 - 도 -
아 니 아 니 - 닦 지 는 못 하 리 라 -　　한 송 이 떨 어 진 꽃 을 낙 화 진 다 고

허 - 송 하 지 말 게 눈 - 감 아 -　　뜨 는 사 이 백 - 발 과 주 름 일 세 -
서 러 워 마 라 한 번 피 - 었 다 -　　꽃 이 지 듯 우 리 저 렇 듯 지 고 마 는 -

어 서 수 행 을 하 여 영 원 한　　참 나 를 알 고 사 -　　세 -
슬 픈 나 날 이 흘 러 흘 - 러　　흘 러 만 가 니 어 이 하 리 -

이 것 이 것 이 것 이 뭐 꼬　　뭐 꼬 라 고 한 -　　이 것 이 뭐
차 착 각 - 저 초 침 소 리　　검 은 옷 으 로 -　　다 가 오

꼬 -　　보 일 듯 이 아 니 보 이 고
는 -　　저 승 의 사 자 소 리

이룰듯하다가 놓쳤으니 - 하루하루가 태산만같게
어찌아 니 슬플쏜가 - 숙 - 명적인 인과라해도

커져만 - 가는게 의심일세 - 얼 씨구나 좋 다 -
극복해 - 넘기에 어려웁네 - 얼 씨구나 좋 다 -

지 화 자 좋 네 - 아니닦지는 - 코러스 -
지 화 자 좋 네 - 아니닦지는

못 - 하 리 - 라 -
못 - 하 리 - 라 -

Fine

권 수 가 2

작사 문재현
작곡 배신영
노래 채연희

두타의수행을 인내로써 하루하루를 수행해 왔던
역-대조-사 무공적의 명-월삼경 이좋은밤을

결실로-얻어진 과위라네 얼씨구나 좋다
두둥실-두둥실 즐겨보세 얼씨구나 좋다

지 화 자 좋 네 아 니 닦 지 는 -코러스-
지 화 자 좋 네 아 니 닦 지 는

못 - 하 리 - 라 **Fine**
못 - 하 리 - 라

우란분재일

작사 문재현
작곡 배신영
노래 채연희

Trot in4 (double beat) ♩= 134

A

B

우 란 분 재 맞-이 해 서   대 자 대 비-부 처-님 을
정 성 어 린 마-음 으 로   이 고 득 락-비 옵-나 니

이 자-리 에 청 해 모 셔   다 생 부 모 왕 생 극 락
세 상-애 착 모 두 끊 고   부 처 님 의 그 세 상 에

정 성 다 한 맘 입 니 다   지 혜 짧 아 못-미-쳐 서
나 시 기 만 원 합 니 다   다 생 겁 에 경-험-하 신

중 한 은 혜 입-고 서 도   보 은 보 답   못 하 고 서
부 질 없 는 몸-종 노 롯   그 허 망 을   떨 침 만 이

이 생 까 지 이-른 것 을   머 리-숙 여 부 처 님 께
윤 회 고 를 벗-어 나 는   길 이-오 니 그 리 되 길

참 회 합 니-   다   참 회-합 니-   다
비 옵 나 이-   다   비 옵-나 이-   다

Fine

고맙습니다

작사 문재현
작곡 배신영
노래 채연희

믿음으로 여는 세상

작사 문재현
작곡 배신영
노래 채연희

우리들 모두가　부처님의지해 - 활짝열린가슴으로　써
우리들 모두가　참선을할때는 - 모두비워명경지수　로

다 같 이 도와서 -　살아들간 - 다면 훈풍같은앞날이리　라
참 나 를 관조해 -　실경에사 - 무처 깨달아서활짝웃는 날

아 - 즐 - 겁게 즐겁게마 - 음을 다스려참모습을　이루노라 면
아 - 즐 - 겁게 즐겁게법 - 담을 함으로꽃피울걸　맹세를하 고

정 - 토의 세상 이　우 리 를맞 - 으리 우리모두기도합시
정 - 진에 정진 을　정 진 에정 - 진을 우리모두실천합시

다　다 같 이 기 도 합 시 -　다
다　다 같 이 실 천 합 시 -　다

Fine

출가재일

작사 문재현
작곡 배신영
노래 채연희

장하십 니 다   장하십 니 다
장하십 니 다   장하십 니 다

그의 지가   장하십 니 다
갖은 역경   부 딪 처 서 도

이 세상의 모 든사 람 탐 을내 는   왕의지 위 와
초 지일관 변 함없 음 우러러서   존경합니 다

왕 비와 의 궁 중 낙을 미 런 없 이버 리 시고
나 밖에 서 찾 으려는 어 리 석 음버 리 고서

고 _ 행수 도   하겠 다 한 _ 굳은의 지 머 리
내 _ 안에 서   찾으 려한 _ 깨침향 한   굳은

숙 여찬 탄 합 니   다   찬 탄 합 니 다
의 지찬 탄 합 니   다   찬 탄 합 니 다

Fine

염 원

작사 문재현
작곡 배신영
노래 채연희

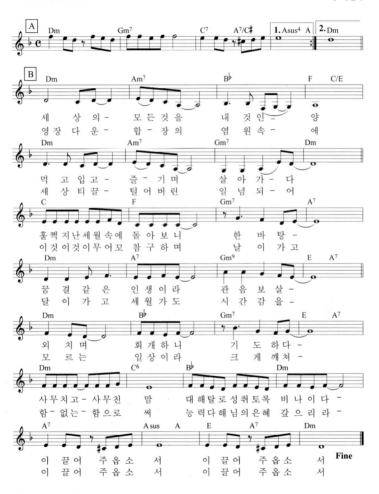

Moderato GoGo ♩ = 114

세 상의- 모든것을 내 것인- 양
영장다운- 합-장의 염원속- 에

먹 고입고- 즐-기며 살 아 가 다
세 상티끌- 털어버린 일 념 되- 어

훌쩍지난세월속에 돌아보니 한 바 탕-
이것이것이무어꼬 참구하며 날 이 가 고

꿈 결같은 인생이라 관 음 보 살-
달 이 가 고 세월가도 시 간 감 을-

외 치 며 회개하니 기 도 하 다-
모 르 는 일상이라 크 게 깨 쳐-

사무치고-사무친 맘 대 해탈로성취토록 비 나 이 다-
함- 없는- 함으로 써 능 력다해님의은혜 갚 으 리 라-

이 끌어 주옵소 서 이 끌어 주옵소 서
이 끌어 주옵소 서 이 끌어 주옵소 서

Fine

우리네 삶, 고운 수로

작사 문재현
작곡 배신영
노래 채연희

숲속의 마음

작사 문재현
작곡 배신영
노래 채연희

푸른 숲-속 의　고 색 질 은 절 찾 아
깊 고 그-윽 한　산 사 찾 아 온 마 음
사 람 다-움을　생 각 하 며 걷 는 길

라 - 라 -　친 구 들 과　굽 이 굽 이
라 - 라 -　친 구 들 과　사 색 하 는
라 - 라 -　친 구 들 과　주 고 받 는

걷 는 길 가　계 곡 물 도　반 - 기 는
가 부 좌 에　관 음 보 살　미 - 소 를
오 늘 의 말　길 가 볕 도　조 - 용 한

소 리 좋 고 도 좋 아　콧 - 노 래 응 -
짓 고 좋 고 도 좋 아　나 - 는 야 응 -
미 소 좋 고 도 좋 아　맘 - 노 래 응 -

새 들 도 합 창 을 하 네
마 음 꽃 활 짝 피 었 네
숲 길 도 어 깨 춤 추 네

Fine

사 색

작사 대원 문재현
작곡 배신영

조용—히 눈—감고—서 참—나를살펴— 봐 요

갖은생각 모든행이 이로좇아있건만— 은

색깔도모양도없어 알—고파서 사색일세 모든걸내려놓고—

쉬는시간사색으 로 한걸음또한걸음다가서는노력다해 기어이성취하여

낙원의—삶—누리려 네

천부경을 아시나요

작사 대원 문재현
작곡 배신영

우리조상 깊－은진리 천부경을아시나 요
바른진리 깨－달아서 이세상을바로봐 요

여든 － － 한－자속에누 리의－온이－치－ 를
마음 － － 의 능－력으로펼 쳐놓은장엄－이－ 라

남 김없이 － 담으셨－네 － 필부의사내－ 라 도
화 려하고 － 아름답－네 － 이땅인이대－ 로 가

마 음을－갈고닦 － 아 영원 한참－나께－ 처
낙 원의－세계이 － 니 노래 와춤－으로－ 써

환 인 － 큰은혜에 보 답－ 해사 － 세
어 깨 － 동무하고 영 원－ 히사 － 세

가슴으로 부르는 불심의 노래 427

보 살 가

작사 대원 문재현
작곡 김동환

너무느리지않게 ♩ = 80

세상사에어 울린 구 제의길

어려움도웃어넘긴 이 마음을 흰 구름너도알리 라

성불의보리과를 이루기위해 두타의수행으로 써

이 세계 저 세계서 닦았던 보현행을 영원히 펼치 — 리

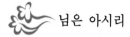 님은 아시리

1 부

1. 사계절의 풍광인들 위로되겠니
   서사시의 음률인들 쉬어지겠니
   뜻과 같이 되지 않아 기도에 젖은
   이 마음 님은 아시리
   한 세상 열정 쏟아 닦는 수행길
   불보살님 출현하서 베푼 자비에
   모든 망상, 모든 번뇌 없었으면 좋으련만
   마음대로 안 되는 게 수행이더라, 수행이더라

2. 사계절의 풍광인들 위로되겠니
   서사시의 음률인들 쉬어지겠니
   뜻과 같이 되지 않아 기도에 젖은
   이 마음 님은 아시리
   청춘의 모든 욕망 사뤄버리고
   회광반조 촌각 아낀 열정 쏟아서
   이룬 선정 그 효력이 있었으면 좋으련만
   마음대로 안 되는 게 보림이더라, 보림이더라

3. 사계절의 풍광인들 위로되겠니
   서사시의 음률인들 쉬어지겠니
   뜻과 같이 되지 않아 기도에 젖은
   이 마음 님은 아시리
   억겁의 모든 습성 꺾어보려고
   갖은 노력 갖은 인내 온통 쏟아서
   세월 잊은 보림 성취 있었으면 좋으련만
   마음대로 안 되는 게 성불이더라, 성불이더라

2 부

1. 사계절의 풍광인들 비유되겠니
   가릉빈가 음률인들 비교되겠니
   뜻과 같이 자유자재 베풀어놓고
   한없이 즐기시련만
   그러한 대자유의 삶을 접고서
   중생들을 구제하려 삼도에 출현
   갖은 역경 어려움을 감내하는 자비로써
   깨워주는 그 진리에 눈을 뜨거라, 눈을 뜨거라

2. 사계절의 풍광인들 비유되겠니
   가릉빈가 음률인들 비교되겠니
   뜻과 같이 자유자재 베풀어놓고
   한없이 즐기시련만
   억겁을 다하여도 끝이 없을 걸
   알면서도 해내겠다 나선 님의 길
   가시밭길 험난해도 일관하신 그 자비에
   구류중생 깨달아서 정토 이루리, 정토 이루리

3. 사계절의 풍광인들 비유되겠니
   가릉빈가 음률인들 비교되겠니
   뜻과 같이 자유자재 베풀어놓고
   한없이 즐기시련만
   낙원의 모든 즐김 떨쳐버리고
   삼악도를 낙원으로 이뤄놓겠다
   촌각 아낀 그 열정에 모두 모두 감화되어
   이 땅 위에 님의 소원 이뤄지리라, 이뤄지리라

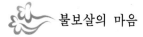 불보살의 마음

1. 자비, 그 자비는 눈물이었네
   불나방이 불을 쫓듯 가는 이
   그래도 못 잊어서 버리지 못해
   저리는 저리는 가슴, 그 가슴 안고서
   눈물, 피눈물로 저리 부르네

2. 자비, 그 자비는 눈물이었네
   제 살 길을 저버리는 이들을
   그래도 못 잊어서 버리지 못해
   저리는 저리는 가슴, 그 가슴 안고서
   눈물, 피눈물로 저리 부르네

나의 노래

1. 노세 노세 봄놀이하세
   대천세계 이 봄 경치
   한산 습득 친구삼아
   호연지기 즐겨볼까
   얼씨구나 절씨구
   아니나 즐기고 무엇하리

2. 노세 노세 봄놀이하세
   걸음 쫓아 이른 곳곳
   문수보현 벗을 삼아
   화엄광장 춤춰볼까
   얼씨구나 절씨구
   아니나 즐기고 무엇하리

🌸 잘 사는 게 불법일세

1. 잘 사는 게 불법일세
   우리 모두 관음보살 지장보살 생활 속에 모시면서
   마음 비운 나날들로 바른 삶을 하노라면
   불보살님 가피 속에 뜻 이뤄서 꽃을 피운
   그런 날이 있을 걸세

2. 잘 사는 게 불법일세
   우리 모두 관음보살 지장보살 생활 속에 모시면서
   마음 비워 살아가며 시시때때 잊지 말고
   참나 찾아 참구하는 그 정성도 함께 하면
   좋은 소식 있을 걸세

3. 잘 사는 게 불법일세
   우리 모두 관음보살 지장보살 생활 속에 모시면서
   틈틈으로 회광반조 사색으로 참나 깨쳐
   화장세계 장엄하고 얼쉬얼쉬 어울리며
   영원토록 웃고 사세

🌸 서로 서로 나누면서

버들 푸르고 꽃 만발하고 나비 춤이더니
녹음이 우거지고 매미들의 노래 가득한 천지
울긋불긋 고운 단풍 어제인 듯한데 눈이 오네
우리 모두의 삶 저러하고 저렇지 않던가
보기도 아까웁고 소중한 형제 자매들이니
서로 서로 나누면서 짧은 우리네 삶을 즐기세

 해탈의 길

1. 백짓장 한 장도 가리운 것 없는 것을
   그리도 몰라 여섯 갈래 떨어져서
   그 처참한 갖은 고통 날로 날로 겪는다는 말이런가

   백짓장 한 장도 설 수 없는 것이라서
   모를 뿐이라 어려울 것 없는 것을
   제 능력에 제가 속은 고통에서 벗어나지 못하누나

   백짓장 한 장 그런 말도 비운 거기
   조용하게 비추어 보아 사무쳐들 보게나
   끝이 없는 윤회길의 모든 고통 벗어나는 길이로세

2. 백짓장 한 장 벗겨낼 일도 없이
   천연으로 내게 있어 본래 대자윤데
   억겁 속을 속박 고통 겪었구나
   얼씨구나 절씨구나 좋고 좋네

   백짓장 한 장 만한 것도 얻음 없이
   이리 만족 하는 것을 두고
   유구세월 걸인생활 하였구나
   얼씨구나 절씨구나 좋고 좋아 좋고 좋네

   백짓장 한 장 옮김 없이 이른 낙원
   이 행복을 모두 함께 누려 지상낙원 되는 날을
   하루라도 앞당겨서 크고 크신 님의 은혜 갚아보세

 우리 모두

우리 모두 만난 인생 즐겁게 살자
부딪치는 세상만사 웃으며 하자
인연으로 어우러진 세상사이니
풀어가는 삶이어야 하지 않겠니
몸 종노릇 하는 사이 맘 챙겨 살자
맑고 맑은 가을 허공 그렇게 비워
명상으로 정신세계 사무쳐보자
언젠가는 깨쳐 웃는 그날이 오리
한산 습득 껄껄 웃는 그러한 웃음
웃어가며 모든 일을 대하는 날로
활짝 펼쳐 어우러진 그러한 삶을
우리 모두 발원하며 즐겁게 살자

이때 우리는

1. 화산의 폭발로 해서 사람들과 모든 것이 용암펄로 화해버린
   이 막막한 우리들을 올바르게 영원으로 끌어주실
   성인중의 성인이신 불보살님 나라에 가 나는 게 꿈이네

2. 태풍이 인가를 덮쳐 다정했던 이웃들은 간 곳 없고
   어지러운 벌판 되어 처참하고 참담하기 그지없는 무상한
   이 현실에 의지할 분 생명 밝혀 영원케 한 부처님 뿐이네

3. 지진이 우리의 삶을 삼켜버려 초토화가 되어버린
   허망하기 그지없는 우리들의 현실에선 사방천지 둘러봐도
   의지해야 할 분은 자신 깨쳐 누리라 한 부처님 뿐이네

🌸 다시 올 수 없는 날

눈을 감은 합장으로 맹서합니다 언제나 같이 하길
모든 걸 버리고 출가를 했으니 기필코 성불하길
굳은 맹세를 하죠 일심기도를 하죠
내 생에 이처럼 의미깊은 날 다시는 올 수 없을 겁니다
스승님을 만난 걸 너무나 감사해요
이 생에서 생사자재하여 모두 함께 합시다
위로는 불지를 닦고 아래로는 교화를 하여
이 생에서 부처님의 크고 큰 은혜를 갚으리라

🌸 사람다운 삶

1. 사람이 사람다운 사람이 되려면
   명상으로 비우고 비워서
   고요의 극치에 이르러
   자신을 발견한 슬기로써
   마음을 다스리는 연마 후에
   그 능력으로 모두가 살아가야
   평화로운 세상이 활짝 열려
   모두 함께 누릴 걸세

2. 서로가 다툼 없이 서로를 아껴서
   마음으로 베풀고 베푸는
   사회로 이루어 간다면
   낙원이 멀리만 있는 것이 아니라
   살고 있는 이대로가 낙원이란 걸
   모두가 실감하는
   우리들의 세상이 활짝 열려
   모두 함께 누릴 걸세

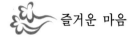 즐거운 마음

1. 우리 모두 선택 받은 제자 되어
   즐거운 맘 하나 되어 축하합니다
   그 무엇을 이룬들 이리 좋으며
   황금보석 선물인들 이만하리까
   부처님의 가르침만 따르오리다
   실천하리라 실천하리라

2. 부처님의 뒤 이을 걸 맹세하며
   다짐으로 즐기는 맘 가득합니다
   당당하게 행보하는 구세의 역군
   혼신 다해 낙원 이룬 이 세계에서
   함께 사는 즐거움을 생각하며
   노래합니다 노래합니다

닮으렵니다

관세음보살 관세음보살
지극한 마음으로 닮으려고
오늘도 노력하며 주어진 일을 하면
하루가 훌쩍 가는 줄도 모른다오
관세음 관세음보살
님께서 베푸는 그 넓은 사랑을
이 맘 속에 기르고 길러서
실천하는 그런 장부 되어서
큰 은혜 갚을 겁니다

바른 삶

1. 어디 어디 어디라 해도
   마음 찾아 바로만 살면
   그곳 바로 극락이라네
   세상분들 귀담아듣고
   사람 몸을 가졌을 때에
   모든 고비 극복해내서
   참선으로 참나를 깨쳐
   걸림없는 해탈의 세상
   누려보세 누려들 보세

2. 어둔 곳에 태양이 뜨듯
   중생계에 불타 출현해
   바른 삶에 인도를 하셔
   복된 날을 기약케 하니
   아니 아니 좋고 좋은가
   이 몸 주인 통쾌히 깨쳐
   억겁 업을 말끔히 씻고
   걸림없는 해탈의 세상
   누려보세 누려들 보세

선 승

토함산 소나무 위에 달빛도 조는데
단잠을 잊은 채 장승처럼 앉아있는
깊은 밤 선승의 그윽한 눈빛
고요마저 서지 못한 선정이라
대천도 흔적 없고 허공계도 머물 수 없는
수정 같은 광명이여, 화엄의 세계로세

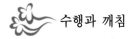 ## 수행과 깨침

1. 그릴 수도 없는 마음 만질 수도 없는 마음
   찾으려는 수행이라 모든 것을 다 버리고
   모든 생각 비우기를 몇천 번이었던가
   머리 터져 피 흘려도 멈출 수가 없는 공부
   이 공부가 아니던가

2. 놓지 못해 우두커니 장승처럼 뭐꼬 하고 앉았는데
   앞뒤 없어 몸마저도 공해버린 여기에서 이러-한 채
   시간 간 줄 모른 채로 눈을 감고 얼마간을 지나던 중
   한 때 홀연 큰 웃음에 화장계일세

정한 일일세

우리네 삶이란 것
풀 끝 이슬 아니던가
서로서로 위로하고 아끼면서
우리 모두 착한 삶이
이어져 가노라면
언젠가는 행복한
그날이 우리에게
찾아오는 것 정한 일일세
찾아오는 것 정한 일일세

맹 세

1. 내가 선택한 수행의 길에 나의 청춘을 묶었다
   님 향해 눈 감고 합장에 담은 지극한 신심과 정성입니다
   내 가슴에 못질을 하는 업심의 무게 속에서도
   우리가 모신 스승님 자비 속에 눈물도 이젠 끝났다
   너무도 쉽게 깨달아서 소중한지도 모르고
   보림이 힘겨워 단 한 번도 감사하단 말도 못했네
   백년도 우린 살지 못하고 이 몸은 흩어지지만
   세세생생 우리 함께 하도록 열심히 정진하리라

2. 40여년쯤 지나 내 육신의 옷을 벗을 때가 되면
   생사자재하여 스승님과 그 길을 함께 하리라
   너무도 쉽게 깨달아서 소중한지도 모르고
   보림이 힘겨워 큰 은혜에 감사하단 말도 못했네
   백 년도 우린 살지 못하고 이 몸은 흩어지지만
   세세생생 님의 은혜 갚는 길 온 중생 제도함이라
   이 세상의 어떤 고난이 나를 막는다 하여도
   내 전부인 오직 한 분 님 위해 살리라 님 위해 살리라

지장보살

지장보살 두 눈의 흐르는 눈물
마르실 날 언제일까 생각하고 또 생각해도
이 세상의 사람들이 멀어지게만 하고 있네요
보살님 어찌해야 하오리까
반야의 실천으로 최선 다해 돕는다면
안 되는 일 있으리까
대원본존 지장보살 나무 지장보살

 ## 걱정 말라

1. 걱정 말라 걱정을 말라 불보살님 말씀대로만
   행한다면 안 풀리는 일 없다 하지 않았던가
   육근으로 보시를 하며 웃고 살자 웃고들 살자
   백년 미만 우리네 인생 세상 만사 마음먹기 달렸다고
   일러주시지 않았던가 걱정을 말라

2. 이리 봐도 저리를 봐도 모두 모두 내 살림일세
   간섭할 수 없는 내 살림 아니 아니 그러한가
   이리 펼치고 저리 펼쳐 육문으로 지은 복덕
   베푸는 맛이 아니 좋은가 우리 사는 지구인 별 함께 가꿔
   낙원으로 만들어서 살아들 보세

얼씨구나 절씨구나 한 판 놀음 덩실덩실 살아들 보세

따르렵니다

1. 우리 모두 합장 공경 하옵니다
   크고 작은 근심 걱정 씻어주려
   우릴 찾아 오셨으니 감사합니다 고맙습니다

2. 우리 모두 손에 손을 맞잡고서
   즐거웁게 노래하고 춤을 추며
   우리에게 오신 님을 경하합니다 축하합니다

3. 우리들의 깊은 잠을 깨워주셔
   영생불멸 낙원의 삶 누리게끔
   해주시려 오신 님을 공경합니다 따르렵니다

효

1. 아들 딸이 귀엽고 사랑스런 그 속에 우리들의 부모님
   어려움에도 끝내 가르치고 기른 정 이제 읽으며
   늦은 눈물로써 불초를 뉘우치며 맹세하고 다짐하는
   아들 딸이 여기 있으니, 건강히 오래만 사시기를
   손 모아 손을 모아 간절하게 바라고 또 바라는
   기도를 하옵니다 부모님 입이 귀에 걸리시게 할 겁니다

2. 어렵고도 어려운 보릿고개 그 속에 우리들을 먹이고
   가르치느라 정말 그 얼마나 고생이 되셨습니까
   허리 두 끈들을 졸라맨 아픔으로 사셨죠
   정말 정말 오래도록 건강하게만 계셔주신다면
   아들 딸을 낳으시고 길러주신 그 노고에 크게 보답할 겁니다
   아버님 어머님의 입이 귀에 걸리시게 할 겁니다

나는 바보

나는 바보다 나는 바보야
역지사지 알다보니 바보가 되었네
그렇지만 내 주위는 언제나 웃음이 있고
나눔이 있어 행복하다네
나는 나는 그런 바보야
나는 나는 그런 바보야

 웃고 살자

1. 아하하하 우습다 아하하하 우스워
   제 그림자 모르고 저라 하는 사람 보고 아니 웃고 울으랴
   아하하하 우습다 아하하하 우스워
   다섯 도적 종노릇에 헌신하는 사람 보고 아니 웃고 울으랴
   아하하하 우습다 아하하하 우스워
   저승세계 코앞인데 대비 없는 사람 보고 아니 웃고 울으랴
   아하하하 우습다 아하하하 우스워
   참나 찾지 아니하고 허송하는 사람 보고 아니 웃고 울으랴
   아하하하 우습다 아하하하 우스워 (3번 이상)
   아리랑 아리랑 아라리요
   아리랑 고개를 넘어간다
   나를 버리고 가시는 님은
   십 리도 못 가서 되돌아온다

2. 즐겁고도 즐겁다 즐겁고도 즐거워
   좋은 인연 있었던가 거룩한 이 만나서 참나 찾은 이 행운이
   즐겁고도 즐겁다 즐겁고도 즐거워
   이 행운을 나 혼자서 누리기에 아쉬워 인도하려 나섰는데
   아리랑 아리랑 아라리요 아리랑 아리랑 아라리가 났네
   즐겁고도 즐겁다 즐겁고도 즐거워
   영원한 나 찾음으로 한순간에 성취한 낙원의 삶 권하나니
   즐겁고도 즐겁다 즐겁고도 즐거워
   우리 모두 다 함께 얼싸안고 누리는 그런 세상 노력하세
   즐겁고도 즐겁다 즐겁고도 즐거워 (3번 이상)
   아리랑 아리랑 아라리요
   아리랑 고개를 넘어간다
   청천 하늘엔 잔별도 많고
   이내 가슴엔 희망도 많다

🌸 금강의 노래 1

일 없는 경지인 부처님, 중생 위해 한순간도 쉼 없이 일심전력 쏟으시네.

사위국 기수급고독원서 1250명의 비구들과 계실 때 세존께서 공양 때가 되자 가사 입고 발우 들고 사위성에 들어 차례차례 비신 후에 본 곳에 오셔 드시고 가사 발우 거둔 다음 발 씻고 자리 펴 앉으셨네.
이때 장로 수보리 대중 가운데 있다가 자리에서 일어나 오체투지로 앉아 공경히 합장하고 부처님께 여쭙기를
"희유합니다. 세존이시여. 모든 수행하는 보살들에게 잘 생각하여 지키게 하시고 잘 부촉하셨습니다. 그러나 세존이시여 아뇩다라삼먁삼보리 마음을 내어 어떻게 머무르며 어떻게 그 마음을 항복시켜야 합니까?"
"착하고도 착하구나. 수보리야. 네가 말한 대로 여래는 모든 보살들이 잘 생각하여 지키게 하였고 모든 보살들에게 잘 부촉하였다. 그러나 제삼 청하니 너희들은 자세히 듣거라. 그대들을 위해 일러주리라.
선남자 선여인들이여, 아뇩다라삼먁삼보리 마음을 내어 마땅히 이러-히 머물고 이러-히 그 마음을 항복시켜야 하니라."

금구성언 말씀대로 실천 다해
내 기어이 성취하여 구류 구제
최선 다해 큰 은혜를 보답하리

"그러하오나 세존이시여, 정말 그렇습니다만 바라옵건대 보다 더 자세히 듣고자 하나이다."
부처님께서 수보리에게 말씀하시기를
"모든 보살마하살은 마땅히 이러-히 그 마음을 항복시켜야 하니라. 내가 모든 중생들인 아홉 가지 무리들을 모두 남김없이 열반에 들게 하여 이러-히 한량없고 수없고 끝없는 중생을 멸도해서는 진실로 멸도 얻은 중생이 없어야 하니라.
왜냐하면 수보리야 만일 보살이 아상, 인상, 중생상, 수자상이 있다면 곧 보살이라 할 수 없기 때문이다.
수보리야, 보살은 마땅히 법에도 머무름 없이 보시를 해야 하는 것이니 색

에 머무름 없이 보시를 해야 하며, 소리나 향기나 맛이나 촉감이나 법에도 머무름 없이 보시를 해야 하니라.

수보리야, 마땅히 보살은 이러-히 보시를 하여 모든 상에 머무름이 없어야 하는 것이니, 만약 보살이 상에 머무름 없이 보시를 하면 그로 인한 복덕은 생각으로 헤아릴 수 없느니라. 왜냐하면 끝없는 미래에 누리기 때문이니라. 그대는 어떻게 생각하느냐? 몸과 모양으로 여래를 볼 수 있겠느냐, 없겠느냐?"

"볼 수 없습니다. 세존이시여. 몸과 모양으로는 여래를 볼 수 없습니다. 왜냐하면 여래께서 말씀하신 몸과 모양은 곧 몸과 모양이 아니기 때문입니다."

"수보리야, 무릇 있는 바 상이 모두 허망하다고들 하나 만약 모든 상이 상 아님을 보면 바로 여래를 본 것이니라."

금구성언 말씀대로 실천 다해
내 기어이 성취하여 구류 구제
최선 다해 큰 은혜를 보답하리

수보리가 부처님께 여쭈었다.
"이상과 같은 말씀을 듣고 참답게 믿음을 낼 중생이 있겠습니까?"
"수보리야, 그런 말을 말라. 내가 열반한 뒤 오백 세가 지난 후라도 계행을 갖추고 복을 닦는 사람이 있어서 이 글귀에 능히 믿는 마음을 내어 이로써 참다움을 삼을 것이니라.
마땅히 알라. 이 사람은 한 부처님, 두 부처님, 세 부처님, 네 부처님, 다섯 부처님에게만 선근을 심은 것이 아니라 이미 한량없는 천만 부처님 처소에서 선근을 심었기에 이 글귀를 듣고 지극한 한 생각에 깨끗한 믿음을 내니라."
금강반야바라밀
금강반야바라밀
금강반야바라밀

금구성언 말씀대로 실천 다해
내 기어이 성취하여 구류 구제
최선 다해 큰 은혜를 보답하리

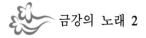 금강의 노래 2

일 없는 경지인 부처님, 중생 위해 한순간도 쉼 없이 일심전력 쏟으시네.

수보리가 부처님께 여쭈었다.
"세존이시여, 부처님께서 아뇩다라삼먁삼보리를 얻으셨다 하나 얻은 바 없습니다."
"그렇고 그렇다 수보리야. 나에게는 아뇩다라삼먁삼보리나 그 어떤 조그마한 법도 얻음이 없으니 이를 이름하여 아뇩다라삼먁삼보리라 하니라.
수보리야 이 법은 평등하여 높고 낮음이 없기에 이를 이름하여 아뇩다라삼먁삼보리라 하니라. 아도 없고, 인도 없고, 중생도 없고, 수자도 없이 모든 선법을 닦아야 곧 아뇩다라삼먁삼보리를 얻느니라.

금구성언 말씀대로 실천 다해
내 기어이 성취하여 구류 구제
최선 다해 큰 은혜를 보답하리

수보리야 선법이라고 말한 것도 여래가 곧 선법도 아닌 이것을 이름하여 선법이라 할 뿐이니라.
수보리야 만일 어떤 사람이 삼천대천세계 가운데 있는 모든 수미산왕만한 일곱 가지 보배 무더기로 보시한다 해도 이 반야바라밀경의 네 글귀 게송만이라도 받아 지녀 읽고 외워서 다른 사람을 위하여 설하여 주는 이가 있다면 앞에서 일곱 가지 보배로 보시한 복덕으로는 백천만억의 일에도 미칠 수 없느니라.
왜냐하면 그 복덕은 끝없는 미래에 누리기 때문이니라.
다른 사람을 위하여 어떻게 말하여 주겠느냐?
취할 상이란 것도 없으니 이러-하고 이러-해서 움직임이 없도록 하라.
왜냐하면 모든 함이 있는 법은 꿈 같고, 허깨비 같고, 물거품 같고, 그림자 같으며, 이슬 같고, 번개 같아서 마땅히 이러-히 보아야 하기 때문이니라.

금구성언 말씀대로 실천 다해
내 기어이 성취하여 구류 구제
최선 다해 큰 은혜를 보답하리

 반야의 노래

일 없는 경지인 부처님, 중생 위해 한순간도 쉽 없이 일심전력 쏟으시네.

내면 향해 비춰보는 지혜로써 이 몸 공함 바로 보아
나고 죽는 모든 괴로움 벗어나신 관자재의 말씀 들어보오

색이라나 공과 다르지 아니하고
공이라나 색과 다르지 아니하여
색 그대로 공이고, 공 그대로 색이며
받는 것, 생각하는 것, 행하는 것, 분별도 그렇다시네

모든 법의 상도 또한 공했나니
나고 죽음 본래 없고 더럽지도 깨끗지도 아니하며
늘지도 줄지도 않는다시네

금구 성언 옳은 말씀
수행이란 힘이 들어도
고비 넘겨 이뤄만 봐요
더 없는 행복을 이루네

공 가운데 색 없어서, 받는 것, 생각하는 것, 행하는 것, 분별도 없고
눈과 귀와 코와 혀, 몸과 뜻도 없고
빛과 소리, 향기와 맛, 닿는 것과 법도 없어
눈으로 볼 경계 없어 뜻으로 분별할 경계도 없고
무명 없고 무명 다함 또한 없다시네
그러므로 늙고 죽음 없고, 늙고 죽음 다한 것도 본래 없어
고와 집과 멸과 도도 없다 하고
지혜도 없고 또한 얻음마저 없으니, 얻을 바 없는 까닭이라시네

금구 성언 옳은 말씀
이 경지가 힘이 들어도

구비 넘겨 이뤄만 봐요
영원한 행복을 이루네

보살님들 반야바라밀다를 의지하는 까닭으로 마음에 걸림 전혀 없고
걸림 없는 까닭으로 두려움이 전혀 없어
엎어지고 거꾸러진 꿈결 같은 생각들이
전혀 없어 마침내 열반이라시네

삼세 모든 부처님도 지혜로써 저 언덕에 이르름을 의지한 고로
무상정변정각 이뤘나니 그러므로 알지어다
반야바라밀다는 이러-히 크게 신령한 주며 이러-히 크게 밝은 주며
이러-히 위없는 주며 이러-히 차별 없는 차별하는 주라
능히 모든 괴로움을 없앤다 함 진실이지 거짓 없네

아제 아제 바라아제 바라승아제 모지 사바하
아제 아제 바라아제 바라승아제 모지 사바하
아제 아제 바라아제 바라승아제 모지 사바하

금구 성언 옳은 말씀
이 경지를 최선을 다해
이룬다면 끝없는 삶에
영원한 행복을 이루네

🌸 사람 사는 이치

이 세상 사람들 사는 것
농부들 농사를 짓는 것과
조금도 다를 바 없는 이치이니
여러분 귀 기울여 들어보시오
얼씨구나 좋네 지화자 좋네 아니 아니 그러는가

봄이 되면 깊이 깊이 간직해 둔 씨곡식을
꺼내다 땅을 파고 다듬어서 골을 파고 뿌린 후에
오뉴월 찜더위에 구슬땀을 흘리면서
김을 매어 가꾸는 것은 엄동설한 추운 날에
사랑하는 부모님과 아내 자식들 모두
잘 지내게 하려는 깊은 뜻에서라네
얼씨구나 좋네 지화자 좋네 아니 아니 그러는가

어떤 이가 말을 하기를 늘 현재만을 즐겁게 살자
강변함을 보았는데 좋은 말이기는 하지만
그 말은 자칫하면 희망이 없는 잘못된 말이라네
그러므로 내일을 위하여 오늘의 어려움을 즐기면서
밝게 밝게 살아갑시다
얼씨구나 좋네 지화자 좋네 아니 아니 그러는가

치유의 노래

요즈음의 우울증과 가지가지 신경성 질환에 시달리는 사람들
세상에서 들리는 저 모든 소리들을 나의 내면에서 듣는 곳을 향해 비춰보오
쉬운 일은 아니지만 포기하지 않고
듣는 곳을 향해 보고 또 보는 것을
하루 이틀 한 달 두 달 지속하다보면
어느 날 밖이 없는 고요를 체험하게 될 것일세
얼씨구나 좋네 지화자 좋네 아니 아니 그러는가

그 고요를 지속하도록 노력하노라면
어느 날 대상 없는 미소와 동시에 편안함을 체험하게 될 것일세
밖이 없는 이 고요의 편안함을 즐기다 보면
어느 날 밖의 어느 인연을 맞아 그 실체인 자신을 발견할 것일세
이 실체를 발견한 뒤 세상을 살아가는 과정에서 어려운 일이 있으면
바로 그 실체에 비춰 보게
그 어려운 것들이 사라지고 밖이 없는 고요로운 실체의 자신이
대상 없는 미소를 짓게 될 것일세
얼씨구나 좋네 지화자 좋네 아니 아니 그러는가

바른 삶

우리 삶을 두고서 허무하다 누가 말했나
본래 마음이 나 아닌가
그 마음 나를 삼아 살면 되지
지금도 늦지 않네 우리 모두
오늘부터 모두들 마음으로 나를 삼아
길이길이 웃고들 사세

여기가 낙원

참나 찾아 영원을 향해
한 눈 안 판 노력을 하며
가정 위해 사회를 위해
뛰고 뛰고 혼신을 다한
나의 노력 결실이 되어
일상에서 누리는 나날
선 자리가 낙원이 되니
초목들도 어깨 춤추고
산새들도 축하를 하네

내 말 좀 들어봐요

모두 모두 내 말 좀 들어봐요
이 몸이 내가 아니라 이 마음이 나 아닌가
살아가는 생활 속에 명상을 하여
이 맘 찾아 나를 삼아 살아를 봐요
모든 속박 모든 괴롬 벗어나는 아주 좋은 일이니
이제라도 안 늦으니 명상으로 뜻 이루어
영원한 생명 영원한 행복 우리 모두 누려들 보세

사막화를 막고 경영의 시대를 열자

사막화로 급속히 변해가는 이 지구를
방치해선 아니 되네 방치하면
지구가 생긴 이래 최악의 상태 됨은
불을 보듯 뻔한 일일세, 하지만

육십 억의 온 인류가 한 마음 한 뜻 되어
황무지는 돌나물로 푸른 초원 만들고
확장되는 사막화를 세면관의 바닷물로 막는다면
지구가 생긴 이래 가장 살기 좋은 시대를
인류는 맞을 걸세

아리랑 아리랑 아라리요
아리랑 고개를 넘어간다
청천 하늘엔 잔별도 많고
이내 가슴엔 희망도 많다

사막은 지구의 심장
21세기는 사막 경영 시대화를 하여
연구에 노력을 다한다면은
지상 낙원이 우리 인류에게 달려와서 맞을 걸세

육십 억의 온 인류가 손에 손잡고 한 뜻 되어
사랑하는 마음으로 역경을 헤쳐 나가
황무지를 초원으로 만들고
사막화를 막아 살기 좋은 지구촌을 이뤄보세
살기 좋은 지구촌을 이뤄보세

아리랑 아리랑 아라리요
아리랑 고개를 넘어간다
청천 하늘엔 잔별도 많고
이내 가슴엔 희망도 많다

잘 사는 비결

참지 못한 결과는 어려움이 닥치고
참고 참는 결과는 좋은 일이 온다네
친구들아 모든 일 힘을 합쳐 맞으면
못 이룰 일 없지만
니 떡 너 먹고 내 떡 나 먹는 그럼 마음 쓴다면
될 일도 아니 된다네
우리 서로 뜻을 합쳐 모두 모두 잘 살아보세
이미 이룬 과학문명 선용을 하여 용맹심을 내어
모든 일에 임한다면 행복이 줄을 서서 올 걸세
아리랑 아리랑 아라리요
아리랑 고개를 넘어간다
청천 하늘엔 잔별도 많고
이내 가슴엔 희망도 많다

용서하는 결과는 웃는 날이 맞이하고
베푼 뒤엔 참 좋은 이웃들이 생기네
친구들아 서로들 힘을 합쳐 임하면
못할 일이 없지만
니 떡 너 먹고 내 떡 나 먹는 그런 마음 쓴다면
될 일도 아니 된다네
오늘부터 뜻을 합쳐 우리 한번 잘 살아보세
이미 이룬 과학문명 선용을 하여 용맹심을 내어
모든 일에 임한다면 행복이 줄을 서서 올 걸세
아리랑 아리랑 아라리요
아리랑 고개를 넘어간다
청천 하늘엔 잔별도 많고
이내 가슴엔 희망도 많다

🌸 사는 목적

우리 모두 행복을 찾아 영원을 찾아
내면 향해 비춰보는 명상으로
앉으나 서나 일을 하나 최선을 다하는
하루의 해가 서산을 붉게 물들이고
가을 낙엽 한 잎 두 잎 지는 속에선
합장 기도하여 또 다짐과 맹서의 말
뜻 이루어 이 세상의 빛이 돼서
구류를 생사 고해서 구제하는 사람으로
영원히 영원히 살 것입니다

🌸 곰탱이

곰탱이 곰탱이 미련 곰탱이
세상 사람 요구 따라 다 들어준
사람더러 곰탱이라네
요구 따라 따지지 않고
들어주기 바쁜 이를 놀려대며 하는 말
곰탱이 곰탱이 미련 곰탱아
그리 살다간 끝내는 빌어먹을 쪽박마저
없겠구나 미련 곰탱아
그래도 덩실덩실 추는 춤을
보며 깔깔 웃는 사람들아
웃는 자신 모르니 서글퍼 내 하는 말
한 판의 꿈속이라 천금만금 쓸데없네
깔깔 웃는 그 실체를 자신 삼아 사는 삶이 되길
바라고 바라는 곰탱이 춤이로세

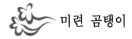 미련 곰탱이

나는 나를 모른 곰탱이 곰탱이 미련 곰탱이
나는 나를 보고 듣는 그거라고 보여주듯 일러줌에
동문서답 일관하는 곰탱이 곰탱이 미련 곰탱이
그러므로 성현들의 천하태평 무릉도원 못 누리고
고생 고생 살아가는 곰탱이 곰탱이 미련 곰탱이
그런 삶을 면하려면 나라는 나를 깨달아라 자상하게 이끈 말씀
이행 못한 곰탱이 곰탱이 미련 곰탱이
귀천 없이 이끌어서 선 자리가 안양낙원 되게 하신
말씀을 이행 못한 곰탱이 곰탱이 미련 곰탱이
궁전 낙을 저버리시고 고행 수도 다하셔서
나란 나를 깨침으로 영생의 낙원으로 이끄신
이 기회를 놓친다면 다시 만나기 어려웁고 어려우니
칠야삼경 봉화 같은 그 지혜의 광명 받아
각자 것이 되게 하란 그 말씀을 실행 못한 곰탱이 곰탱이 미련 곰탱이
그 지혜의 이끔 받아 이러-한 각자 경지 되는 날엔
백사 만사 무엇이든 뜻대로 이뤄진다 권한 말씀 실행 못한 곰탱이 곰탱이
미련 곰탱이
눈앞의 그 작은 것 쫓다가 영원한 삶의 낙 놓치지 않으려면
나란 나를 꼭 깨달으란 귀한 말씀 실행 못한 곰탱이 곰탱이 미련 곰탱이
금구 성언 귀담아듣지 않고 흘려듣다간
백 년도 못 채운 후회막심 삶 되리니 새겨듣고 새겨들어 실천하란 그 말씀
실행 못한 곰탱이 곰탱이 미련 곰탱이
실천하여 깨닫고 박장대소 하는 날엔 삼세 성현 모두모두가 곰탱이 곰탱이
가 누리 안은 광명 놓네 누리 안은 광명 놓아 삼창을 할 거라네

거룩한 만남

불법을 만난 건 행운 중 행운이며 내 생의 정점일세
거룩한 이 법을 만나는 사람이면 서로가 권하고 권을 하여
함께 한 일상의 수행이 되어서 다 같이 누리는 낙원 이뤄
고통과 생사는 오간 데 없고 웃음과 평온만 넘치고 넘쳐
길이길이 끝이 없는 복락 누리세

여래의 큰 은혜 순간인들 잊으랴 수행해 크게 깨쳐
구제를 다함만 큰 은혜 갚음이니 노력과 실천 다해 우리
모두 씩씩한 낙원의 역군이 되어 봉화적인 이생의 삶으로써
최선을 다하여 부끄럼 없는 대장부로 은혜 갚는 장부로
길이길이 끝이 없는 복락 누리세

옛 고향

고향 옛 고향이 그리워 거니는 산책에
고요한 달빛 휘영청 밝고 밤새는
그 무슨 생각에 저리 부르는 노래인데
숲 타고 온 석종소리에 열리는 옛 내 고향
그리도 캄캄하던 생각들은 흔적도 없고
고요한 마음 옛 고향 털끝만큼도
가리운 것이란 없었는데
어찌해 그 무엇에 어두웠던고 고향길 옛 내 고향
나는 따르리라 끝없는 일이라 하여도
님 하신 구제 고난과 역경
그 어떤 어려움 닥쳐도
님 하시는 일이라면 멈추는 일 없을 것일세
이것만이 보은이라네 보은이라네

🌸 부처님의 말씀

부처님 말씀은 하나하나 자비더라
그러기에 불자들은 온화하고 선하더라
부처님 가르치는 이치는 흐르는 물이고
서늘한 산바람이며 봄꽃향기요
심금을 울리는 연주요 노래요
포근한 어머니의 사랑이더라
바다처럼 넓고 넓은 자비의 품이더라
포근하고 온화한 그 가르침 하나하나
이치에 어긋남이 없으신 진실이더라
모두모두 다 함께 우리 모두 닮자구요
모두모두 다 함께 우리 모두 닮자구요
모두모두 다 함께 우리 모두 닮자구요
어쩌다 어쩌다 이런 가르침을 만났는지
이 다행 이 요행 헛되이 하지 않아
이 생에 깨달아서 이 크고 큰 은혜
갚는 일에 소홀하지 않으리라
감사합니다 감사합니다 우리부처님
당신의 후예들마저도 유일하게
전쟁 같은 일들은 일으키지 않습니다
사랑하라 하면서 용서하라 하면서
사람이 사람을 죽이는 일
파리 목숨 취급하듯 하는 일이
있어서야 되겠습니까
혹시라도 이런 일이 종교에 있어서는
절대로 안 되는 일이라 믿습니다
관세음보살 나무아미타불
우리 모두 서로가 서로를 아끼고
사랑합시다 사랑합시다 사랑합시다

부처님의 법

불법은 참불법은
만나기 어렵다네
어렵고 어렵거늘
내 이제 몸담아 닦으니
이 어찌 다행한 일이 아닌가
한눈팔지 맙시다
한눈팔지 맙시다
한눈팔지 맙시다
한눈을 파는 일 없이 해
이 생에 깨닫고 보림을 하여서
제도로써 불은 갚음으로
태평한 세상을 확실하게 이루리
누립시다 누립시다 확실하게 누립시다
누립시다 누립시다 확실하게 누립시다
누립시다 누립시다 확실하게 누립시다
아 고맙고도 고마우신 우리 부처님
거룩하고 거룩하신 부처님을 모시는 이 행복
생각할수록 넘치고 넘치는 이 행복
감사합니다 고맙습니다
감사합니다 고맙습니다 감사합니다 고맙습니다
감사합니다 고맙습니다 감사합니다 고맙습니다
감사합니다 고맙습니다 감사합니다 고맙습니다

즐겁게 살자

나를 찾아 행복을 찾아
내면 향한 명상으로 비춰보며
오늘도 최선을 다한 하루해가 져가는 노을빛
곱게 물이 들고 내 꿈도 이뤄져간다
생각만 하여도 보람찬 미소를 짓는다
세상만사 별것이더냐
서로서로 도와가며 살면서
틈틈이 내면 향한 명상으로
몸 건강 마음 건강 챙기며 사노라면
참나 깨친 박장대소도 짓고
세상 고별 마음대로 하는 날도 있을 걸세
그런 날을 기대하며 일하며 명상하며
하루하루 즐겁게 살자

행복이란

즐거웁게 즐겁게
살아가면 좋잖아
한 번인 인생의 삶인데
모두 활짝 웃어요
신이 나게 웃어요
행복이란 돈과 직위에
있는 것 아니라네
행복이란 그 어떤 마음으로
사느냐에 있다네
다 같이 다 같이 웃어들 봐요
그 웃음 타고 행복이 오네
짧은 인생살이 이렇게
만들어가며 살아들 보세

 그 말씀

1. 님들의 고구정녕 그 말씀 맘에 새기세
   그러면 오는 날엔 행복을 누리며
   이웃들을 도우며 살리
   개미처럼 개미처럼 개미처럼
   개미처럼 개미처럼 개미처럼
   개미처럼 개미처럼 개미처럼
   이것저것 논하지를 말고서 서로가
   서로를 도와 세상을 이끄는 데 노력하면
   이 세상의 그 어떠한 일일지라도
   못 이룰 일 없을 것일세
   꿀벌처럼 꿀벌처럼 꿀벌처럼
   꿀벌처럼 꿀벌처럼 꿀벌처럼
   꿀벌처럼 꿀벌처럼 꿀벌처럼

2. 님들의 가르침을 실행한 덕으로써
   마음에 갖추어진 갖가지 능력을
   부려 써서 누리는 삶을
   나비처럼 나비처럼 나비처럼
   나비처럼 나비처럼 나비처럼
   나비처럼 나비처럼 나비처럼
   더불어서 함께하는 별유천지 눈앞이 아니던가
   이 모든 것이 참고 참아 극복해 이겨냈던
   그 공덕의 결실이로세 그 공덕의 결실이로세
   운학처럼 운학처럼 운학처럼
   운학처럼 운학처럼 운학처럼
   운학처럼 운학처럼 운학처럼

🌸 두고두고 할 일

아미타불 사유를 깊이깊이 하여서
하늘땅 생긴 이래 오늘에 이르도록
크나큰 은산철벽 너머 일처럼
까마득히 모른 나를 깨달았으나
모양 빛깔 없어서 쥐어줄 수도
보여줄 수도 없는 일이라서
입은 옷 뒤집어 보이듯 못하니 한이구나
그러나 보고 듣고 하는 바로 그것이니
마음눈을 활짝 열어 듣는 그곳 향해 살펴봐요 살펴봐
하늘땅이 간 곳 없고 자신까지 사라진 데서
듣고 아는 그것 내가 아니던가
깊이깊이 참구해서 참나 찾아 결정신을 내리게나
다생겁의 윤회 중에 몸종노릇 허사란 걸 경험하지 않았던가
그 깨달음 비추어 세상 일에 응해가며
보림수행하는 일에 방심하지 않아서
구경각을 성취 후에 모든 류를 구제해서
큰 불은 갚음만이 두고두고 할 일일세 두고두고 할 일일세

좋구나

좋구나 이곳이 어때서
낙원에 장소가 있나요

마음이 착하면 선 곳이 무릉도원
이런 삶이 참 삶이라네

미소를 지으며 손에 손을 잡고서
태평가를 모두들 불러요

우리들 이렇게 서로 만나 사는 것
백겁천생 인연이라네

세월아 맞춰라 내 즐기고 즐기며
함께한 이들에 위로를 하려네

화엄의 세계

1. 각자 마음 깨닫고 봐요
   누리 그 모두가 장엄이네 장엄, 빛의 장엄
   어느 하나 마음의 장엄 아닌 게 없네 없어
   다함 없고 끝이 없는 보고 듣는 마음 하나 바로 쓰면
   이대로가 무릉도원, 화엄의 세계로세

2. 보고 듣고 느끼고 생각하는
   그 모든 것 장엄이네 장엄, 빛의 장엄
   어느 하나 빛의 장엄 아닌 게 없네 없어
   다함 없고 끝이 없는 보고 듣는 마음 하나 바로 쓰면
   이대로가 화장세계, 장엄의 세계로세

🌸 만들자

1. 빌딩숲의 실외기 열
   오고가는 차 배기가스
   사람소리 기계소리를
   원림 속의 새소리와
   개울소리 미풍소리
   그런 환경 만들자 만들자 만들자

2. 이익 따져 주고받는
   설왕설래 어지러움
   높고 낮은 금속음들을
   매미소리 물소리와
   노래하는 그런 환경
   우리 함께 만들자 만들자 만들자

3. 하늘 맑고 별이 빛난
   조용하고 시상 뜨는
   그런 환경 거닐면서
   손에 손을 마주 잡고
   노래하는 그런 환경
   우리 함께 만들자 만들자 만들자

도서출판 문젠(Moonzen)의 책들

1~5. 바로보인 전등록 (전30권을 5권으로)

7불과 역대 조사의 말씀이 1,700공안으로 집대성되어 있는 선종 최고의 고전으로, 깨달음의 정수가 살아 숨쉬도록 새롭게 번역되었다.

464, 464, 472, 448, 432쪽.

각권 18,000원

6. 바로보인 무문관

황룡 무문 혜개 선사가 저술한 공안집으로 전등록, 선문염송, 벽암록 등과 함께 손꼽히는 선문의 명저이다.

본칙 48개와 무문 선사의 평창과 송, 여기에 역저자인 대원 문재현 선사의 도움말과 시송으로 생명과 같은 선문의 진수를 맛보여 주고 있다.

272쪽. 12,000원

7. 바로보인 벽암록

설두 선사의 설두송고를 원오 극근 선사가 수행자에게 제창한 것이 벽암록이다.

이 책은 본칙과 설두 선사의 송, 대원 문재현 선사의 도움말과 시송으로 이루어져, 벽암록을 오늘에 맞게 바로 보이고 있다.

456쪽. 15,000원

8. 바로보인 천부경

우리 민족 최고(最古)의 경전 천부경을 깨달음의 책으로 새롭게 바로 보였다. 이 책에는 81권의 화엄경을 81자에 함축한 듯한 천부경과, 교화경, 치화경의 내용이 함께 담겨 있으며, 역저자인 대원 문재현 선사가 도움말, 토끼뿔, 거북털 등으로 손쉽게 닦아 증득하는 문을 열어놓고 있다.

432쪽. 15,000원

9. 바로보인 금강경

대원 문재현 선사의 『바로보인 금강경』은 국내 최초로 독창적인 과목을 내어 부처님과 수보리 존자의 대화 이면의 숨은 뜻을 드러내고, 자문과 시송으로 본문의 핵심을 꿰뚫어 밝혀, 금강경 전체를 손바닥 안의 겨자씨를 보듯 설파하고 있다.

488쪽. 15,000원

10. 세월을 북채로 세상을 북삼아

대원 문재현 선사의 선시가 담긴 선시화집 『세월을 북채로 세상을 북삼아』는 선과 시와 그림이 정상에서 만나 어우러진 한바탕이다. 선의 세계를 누리는 불가사의한 일상의 노래, 법열의 환희로 취한 어깨춤과 같은 선시가 생생하고 눈부시게 내면의 소리로 흐른다.

180쪽. 15,000원

11. 영원한현실

애매모호한 구석이 없이 밝고 명쾌하여, 너무도 분명함에 오히려 그 깊이를 헤아리기 어려운, 대원 문재현 선사의 주옥같은 법문을 모아 놓은 법문집이다.

400쪽. 15,000원

12. 바로보인 신심명

신심명은 양끝을 들어 양끝을 쓸어버리는, 40 대치법으로 이루어진, 3조 승찬 대사의 게송이다.

이를 대원 문재현 선사가 바로 번역하는 것은 물론, 주해, 게송, 법문을 더해 통쾌하게 회통하고 자유자재 농한 것이 이 『바로보인 신심명』이다.

296쪽. 10,000원

13~17. 바로보인 환단고기 (전5권)

『바로보인 환단고기』 1권은 민족정신의 정수인 환단고기의 진리를 총정리하여 출간하였다.

2권에는 역사총론과 태초에서 배달국까지 역사가 실려있으며, 3권은 단군조선, 4권은 북부여에서부터 고려까지의 역사가 실려있다. 5권에는 역사를 증명하는 부록과 함께 환단고기 원문을 실었다.

264 · 368 · 264 · 352 · 344쪽. 각권 12,000원

18~45. 바로보인 선문염송 (전30권 중 28권)

선문염송은 세계최대의 공안집이다. 전 공안을 망라하다시피 했기에 불조의 법 쓰는 바를 손바닥 들여다보듯 하지 않고는 제대로 번역할 수 없다. 대원 문재현 선사는 전 공안을 바로 참구할 수 있게끔 번역하고 각 칙마다 일러보였다.

352 368 344 352 360 360 400 440 376 392 384 428 410 380 368 434 400 404 406 440 424 460 472 456 504 528 488 488쪽

각권 15,000원

46. 앞뜰에 국화꽃 곱고 북산에 첫눈 희다

대원 문재현 선사의 선문답집으로 전강·경봉·숭산·묵산 선사와의 명쾌한 문답을 실었으며, 중앙일보의 <한국불교의 큰스님 선문답> 열 분의 기사와 기자의 질문에 대한 대원 문재현 선사의 별답을 함께 실었다.

200쪽. 5,000원

47. 바로보인 증도가

선종사에 사라지지 않을 발자취로 남은 영가 선사의 증도가를 대원 문재현 선사가 번역하고 법문과 송을 더하였다.

자비의 방편인 증도가의 말씀을 하나하나 쳐가는 선사의 일갈이야말로 영가 선사의 본의중과 일치하여 부합하는 것이라 아니할 수 없다.

376쪽. 10,000원

48. 바로보인 반야심경

이 시대의 야부 선사, 대원 문재현 선사가 최초로 반야심경에 과목을 붙여 반야심경 내면에 흐르는 뜻을 밀밀하게 밝혀놓고 거침없는 송으로 들어보였다.

200쪽. 10,000원

49~50. 선(禪)을 묻는 그대에게 (전10권 중 2권)

대원 문재현 선사의 선수행에 대한 문답집. 깨달아 사무친 경지에 대한 밀밀한 점검과, 오후보림에 대한 구체적인 수행법 제시와, 최초의 무명과 우주생성의 원리까지 낱낱이 설한 법문이 담겨 있다.

280쪽, 272쪽. 각권 15,000원

51. 바로보인 선가귀감

선가귀감은 깨닫고 닦아가는 비법이 고스란히 전수되어 있는 선가의 거울이라 할 만하다. 더욱이 바로보인 선가귀감은 매 소절마다 대원 문재현 선사의 시송이 화살을 과녁에 적중시키듯 역대 조사와 서산대사의 의중을 꿰뚫어 보석처럼 빛나고 있다.

352쪽. 15,000원

52. 바로보인 법융선사 심명

심명 99절의 한 소절, 한 소절이 이름 그대로 마음에 새겨두어야 할 자비광명들이다. 이 심명은 언어와 문자이면서 언어와 문자를 초월한 일상을 영위하게 하는 주옥같은 법문이다.

278쪽. 12,000원

53. 주머니 속의 심경

반야심경은 부처님이 설하신 경 중에서도 절제된 경으로 으뜸가는 경이다. 대원 문재현 선사의 선송(禪頌)도 그 뜻을 따라 간략하나 선의 풍미를 한껏 담고 있다. 하루에 한 소절씩을 읽고 참구한다면 선 수행의 지름길이 될 것이다.

84쪽. 5,000원

54. 바로보인 법성게

법성게는 한마디로 화엄경의 핵심부를 온통 훤출히 드러내놓은 게송이다. 짧은 글 속에 일체의 법을 이렇게 통렬하게 담아놓은 법문도 드물 것이다.

이렇게 함축된 법성게 법문을 대원 문재현 선사가 속속들이 밀밀하게 설해놓았다.

160쪽. 10,000원

55. 달다 - 전강 대선사 법어집

이제는 전설이 된 한국 근대선의 거목인 전강 선사님의 최상승법과 예리한 지혜, 선기로 넘쳤던 삶이 생생하게 담겨 있는 전강 대선사 법어집 < 달다 >!

전강 대선사님의 인가 제자인 대원 문재현 선사가 전강 대선사님의 법거량과 법문, 일화를 재조명하여 보였다.

304쪽. 15,000원

56. 기우목동가

그 뜻이 심오하여 번역하기 어려웠던 말계 지은 선사의 기우목동가!

대원 문재현 선사가 바른 뜻이 드러나도록 번역하고, 간결한 결문과 주옥같은 선송으로 다시 보였다.

146쪽. 10,000원

57. 초발심자경문

이 초발심자경문은 한문을 새기는 힘인 문리를 터득하게 하기 위하여 일부러 의역하지 않고 직역하였다.

대원 문재현 선사의 살아있는 수행지침도 실려 있다.

266쪽. 10,000원

58. 방거사어록

방거사어록은 선의 일상, 선의 누림을 보여주는 대표적인 선문이다. 역저자인 대원 문재현 선사는 방거사어록의 문답을 '본연의 바탕에서 꽃피우는 일상의 함'이라 말하고 있다. 법의 흔적마저 없는 문답의 경지를 온전하게 드러내 놓은 번역과, 방거사와 호흡을 함께 하는 듯한 '토끼뿔'이 실려 있다.

266쪽. 15,000원

59. 실증설

대원 문재현 선사가 2010년 2월 14일 구정을 맞이하여 불자들에게 불법의 참뜻을 보이기 위해 홀연히 펜을 들어 일시에 써내려간『실증설』. 실증한 이가 아니고는 설파할 수 없는 일구의 도리로 보인 1부와, 태초로부터 영겁에 이르는 성품의 이치를 낱낱이 법문으로 설한 2, 3부를 보아 실증하기를…

198쪽. 10,000원

60. 하택신회대사 현종기

육조대사의 법이 중국천하에 우뚝하도록 한 장본인, 하택신회대사의 현종기. 세간에 지해종도로 알려져 있는 편견을 불식시키는 뛰어난 깨달음의 경지가 여기에 담겨있다. 대원 문재현 선사가 하택신회대사의 실경지를 드러내고 바로보임으로써 빛냈다.

232쪽. 10,000원

61. 불조정맥 - 韓·英·中 3개국어판

석가모니불로부터 현 78대에 이르기까지 불
조정맥진영(佛祖正脉眞影)과 정맥전법게(正脈傳
法偈)를 온전하게 갖춘 최초의 불조정맥서.
대원 문재현 선사가 다년간 수집, 정리하여
기도와 관조 끝에 완성한 『불조정맥』을 3개
국어로 완역하였다.

216쪽. 20,000원

62. 바른 불자가 됩시다

참된 발심을 하여 바른 신앙, 바른 수행을
하고자 해도, 그 기준을 알지 못해 방황하는
불자님들을 위해 불법의 바른 길잡이 역할
을 하도록 대원 문재현 선사가 집필하여 출
간하였다.

162쪽. 10,000원

63. 누구나 궁금한 33가지

21세기의 인류를 위해 모든 이들이 가장 어
렵고 궁금해 하는 문제, 삶과 죽음, 종교와
진리에 대한 바른 지표를 제시하고자 대원
문재현 선사가 집필하여 출간하였다.

180쪽. 10,000원

64. 108진참회문 - 韓·英·中 3개국어판

전생의 모든 악연들이 사라져 장애가 없어
지고, 소망하는 삶을 살게 하기 위해 대원
문재현 선사가 10계를 위주로 구성한 108 항
목의 참회문이다. 한 대목마다 1배를 하여
108배를 실천할 것을 권한다.

170쪽. 15,000원

65. 달마의 일할도 허락지 않는다

대원 문재현 선사의 짧고 명쾌한 법문집.
책을 잡는 순간 달마의 일할도 허락지 않는
선기와 맞닥뜨리게 될 것이다. 때로는 하늘
을 찌를 듯한 기세와, 때로는 흔적 없는 공
기와도 같은 향기를 일별하기를…

190쪽. 10,000원

66. 마음대로 앉아 죽고 서서 죽고

생사를 자재한 분들의 앉아서 열반하고 서
서 열반한 내력은 물론 그분들의 생애와 법
까지 일목요연하게 수록해놓았다.

446쪽. 15,000원

67. 화두 - 韓·英·中 3개국어판

『화두』는 대원 문재현 선사의 평생 선문답의 결정판이다. 생생하게 살아있는 선(禪)을 한·영·중 3개국어로 만날 수 있다. 특히 대원 문재현 선사의 짧은 일대기가 실려 있어 그 선풍을 음미하는 데에 큰 도움을 주고 있다.

440쪽. 15,000원

68. 바로보인 간당론

법문하는 이가 법리를 모르고 주장자를 치는 것을 눈먼 주장자라 한다. 법좌에 올라 주장자 쓰는 이들을 위해서 대원 문재현 선사가 간당론에서 선리(禪理)만을 취하여 『바로보인 간당론』을 출간하였다.

218쪽. 20,000원

69. 완전한 우리말 불공예식법

부처님께 공양을 올리고 불보살님의 가피를 구하는 예법 등을 총칭하여 불공예식법이라 한다. 대원 문재현 선사가 이러한 불공예식의 본 뜻을 살려서 완전한 우리말본 불공예식법을 출간하였다.

456쪽. 38,000원

70. 바로보인 유마경

유마경은 가히 불법의 최정점을 찍는 경전
이라 할 것이니, 불보살님이 교화하는 경지
에서의 깨달음의 실경과 신통자재한 방편행
을 보여주는 최상승 경전이다. 대원 문재현
선사가 < 대원선사 토끼뿔 >로 이 유마경에
걸맞는 최상승법을 이 시대에 다시금 드날
렸다.

568쪽. 20,000원

71. 실증설 5개국어판 - 韓·英·佛·西·中 5개국어판

대원 문재현 선사가 불법의 참뜻을 보이기
위해 홀연히 펜을 들어 일시에 써내려간 실
증설! 실증한 이가 아니고는 설파할 수 없는
도리로 가득한 이 책이 드디어 영어, 불어,
스페인어, 중국어를 더하여 5개국어로 편찬
되었다.

860쪽. 25,000원

법문 MP3를 주문판매합니다

부처님의 78대손이신 대원(大圓) 문재현(文載賢) 전법선사님의 법문 MP3가 나왔습니다. 책으로만 보아서는 고준하여 알기 어려웠던 선문(禪文)의 이치들이 자세히 설하여져 있어서, 모든 궁금증을 시원하게 풀어줄 것입니다.

- 바로보인 천부경 : 15,000원 　• 바로보인 금강경 : 40,000원
- 바로보인 신심명 : 30,000원 　• 바로보인 법성게 : 10,000원
- 바로보인 현종기 : 65,000원 　• 바로보인 법융선사 심명 : 100,000원
- 바로보인 반야심경 : 1회당 5,000원 (총 32회)
- 바로보인 선가귀감 : 1회당 5,000원 (총 80회)

대원 선사님 작사 노래 CD 주문판매합니다

가슴으로 부르는 불심의 노래

1. 서 원 가 (3:36)
2. 반조 염불가 (4:00)
3. 소중한 삶 (2:30)
4. 석가모니불 (4:52)
5. 맹서의 노래 (4:25)
6. 염원의 노래 (3:25)
7. 음성 공양 (3:51)
8. 발 심 가 (3:05)
9. 자비의 품 (4:10)
10. 부처님 은혜(첫 번째) (4:34)

11. 보살의 마음 (3:50)
12. 이 생에 해야 할 일 (3:08)
13. 구도의 목표 (3:18)
14. 남은 아시리 (3:42)
15. 부처님 은혜(두 번째) (4:34)
16. 성중성인 오셨네 (3:10)
17. 내 문제는 내가 풀자 (2:38)
18. 즐거운 밤 (2:27)
19. 관 음 가 (2:48)

• 가격 : 2만원

가슴으로 부르는 불심의 노래 2

1. 부 처 님 (4:01)
2. 열반재일 (3:09)
3. 성도재일 (4:00)
4. 석굴암의 노래 (3:19)
5. 님의 모습 (3:15)
6. 믿고 따르세 (2:55)
7. 신명을 다하리 (4:17)
8. 부처님께 바치는 마음 (3:49)
9. 감사합니다 (3:10)
10. 표 훈 가 (4:30)

11. 섬진강 소초 (3:08)
12. 권 수 가[1] (3:02)
13. 권 수 가[2] (3:02)
14. 우란분재일 (3:38)
15. 고맙습니다 (2:31)
16. 믿음으로 여는 세상 (3:05)
17. 즐거재일 (2:44)
18. 영 원 (2:52)
19. 우리네 삶, 고운 수로 (2:35)
20. 숲속의 마음 (2:33)

• 가격 : 1만5천원

문의 전화 ☎ 031-534-3373